古墳文化の煌めき

百舌鳥・古市古墳群を世界遺産に

百舌鳥古墳群

古市古墳群

序章

百舌鳥・古市古墳群とは何か

[1] 日本固有の「古墳文化」を代表する貴重な遺産

百舌鳥《もず》・古市《ふるいち》古墳群は、約一〇キロメートルの距離を隔てた大阪府堺市の百舌鳥と、羽曳野《はびきの》市および藤井寺市の古市の二つのまとまりに分かれながら、内容的には両地域を包括する一体性をもった古墳群です。

四世紀後半から六世紀前半にかけて、二〇〇基を超える古墳が築造されましたが、その後多くの墳丘が失われ、現在では八九基の古墳が残っています。古墳を形状別にみると、前方後円墳四三基（うち帆立貝形墳一二基）、円墳二四基、方墳二二基となっています。

群中最大の仁徳天皇陵古墳（大仙陵《だいせんりょう》古墳）は墳丘長四八六メートルで、一つの墳丘としては世界最大の平面積を誇り、周囲の三重の濠を含めると、総長八四〇メートルにも達します。

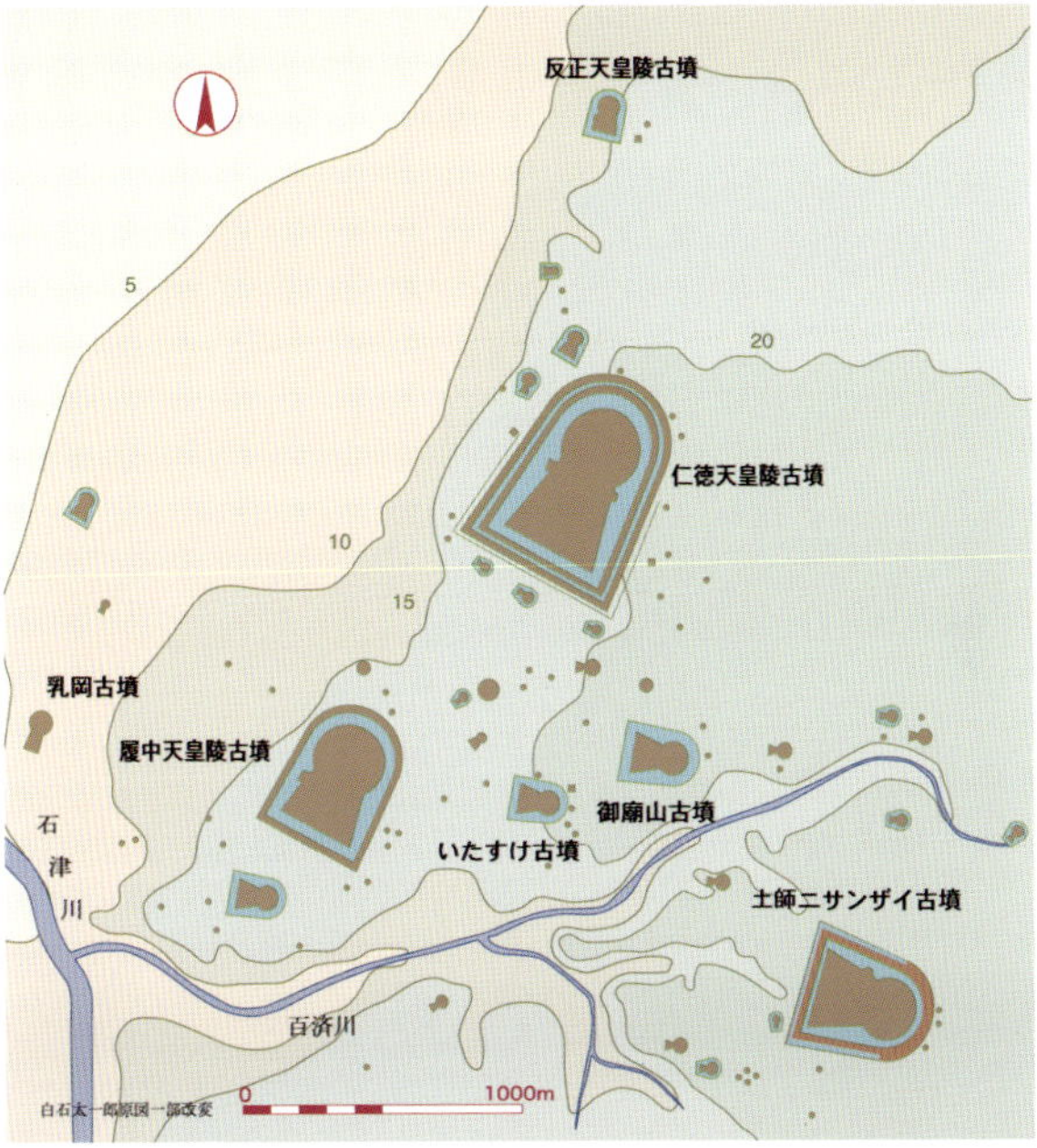

百舌鳥古墳群地図

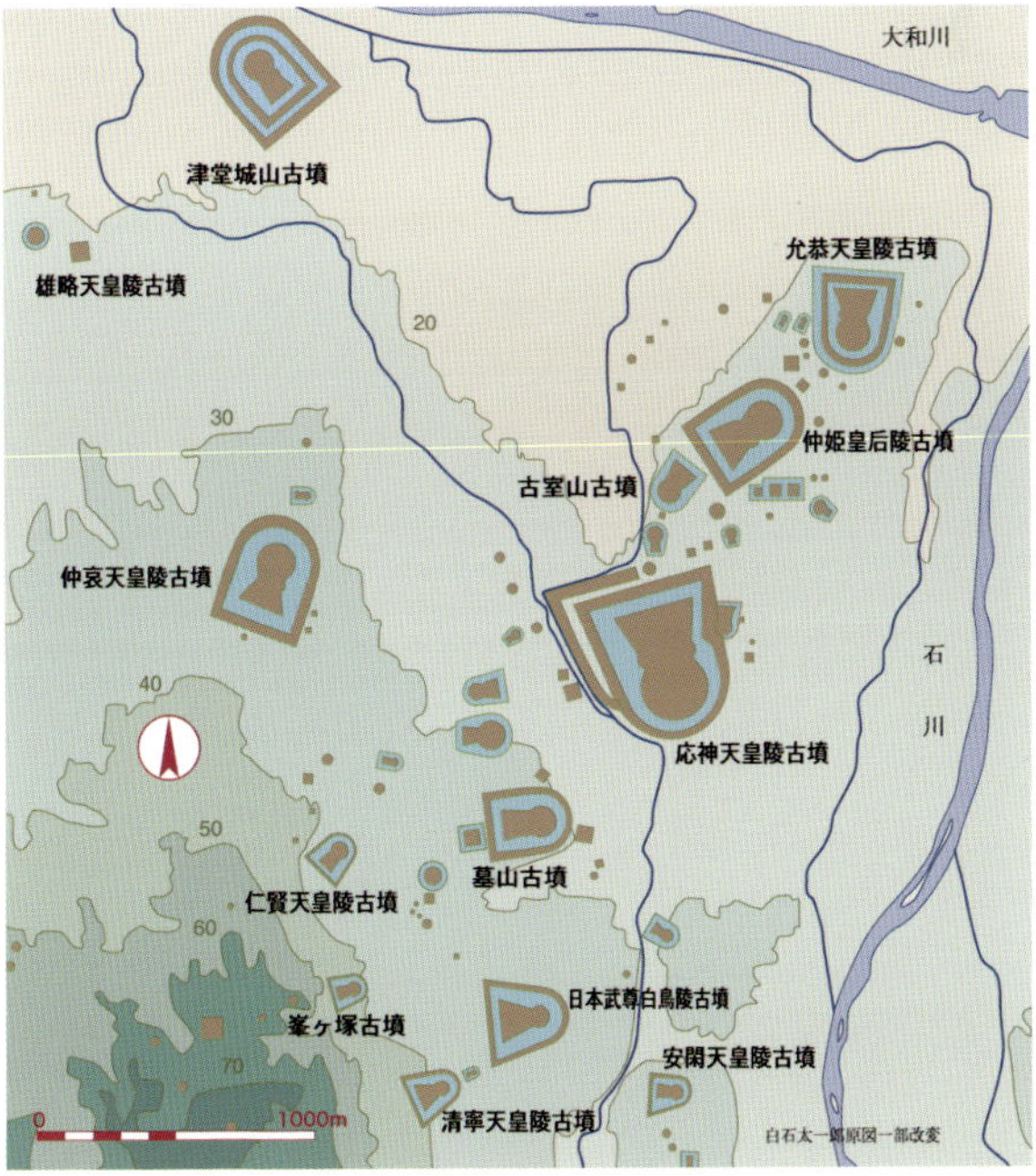

古市古墳群地図

これに続くのが、墳丘長約四二五メートルの応神天皇陵古墳（誉田御廟山《こんだごびょうやま》古墳）、墳丘長約三六五メートルの履中《りちゅう》天皇陵古墳（上石津《かみいしづ》ミサンザイ古墳）、墳丘長約二九〇メートルの土師《はぜ》ニサンザイ古墳、墳丘長約二九〇メートルの仲姫《なかつひめ》皇后陵古墳（仲津山古墳）、墳丘長約二四二メートルの仲哀《ちゅうあい》天皇陵古墳（岡ミサンザイ古墳）となっており、墳丘長二〇〇メートル以上の古墳は一一基もあります。この狭い地域に巨大な古墳がこれだけ密集している地域は他にはありません。

こうした巨大な古墳の多くは複数の周濠を有し、周囲には特に陪塚《ばいづか》と呼びならわされてきた中小の古墳を伴っています。巨大前方後円墳を核として小規模の円墳、方墳に至るまで、墳形と規模の多様な古墳で構成されているのです。

古墳が立地する地形は、百舌鳥では大阪湾を望む台地上であり、古市では丘陵および台地上です。ともに古墳の巨大さを一層引き立てる場所を選んだことがよくわかります。

この古墳群で見られる墳丘の巨大化、濠《ほり》の多重化と合わせて、各種墳形の陪塚が多数配置されたあり方は、古墳の最盛期の姿を顕著に表しています。また、墳丘長三〇〇メートル前後の巨大古墳が陸続と営まれているのも大きな特徴です。

こうした百舌鳥・古市古墳群の様態は、五世紀前後の倭国王を中心とした権力の強大さを今に示すものとして、古墳文化の象徴であり、また、世界にも類を見ない貴重な文化遺産なのです。

仁徳天皇陵古墳（大仙陵古墳、堺市）

応神天皇陵古墳（誉田御廟山古墳、羽曳野市）

津堂城山古墳（藤井寺市）

允恭天皇陵古墳（市野山古墳、藤井寺市）

日本武尊白鳥陵古墳（前の山古墳、羽曳野市）

［2］世界最大級の墳墓を有する百舌鳥古墳群

百舌鳥古墳群は、堺市内の東西・南北約四キロメートルの範囲に広がる古墳群です。古墳時代中期（四世紀後半から五世紀後半）、この一帯には一〇〇基を超える古墳が造られました。開墾や都市化の進展などによってその多くが失われましたが、現在も四〇基を超える古墳が残っています。そのなかには、世界最大級の墳墓・仁徳天皇陵古墳をはじめとする巨大前方後円墳などが含まれています。

百舌鳥古墳群から副葬品として出土している金銅製の装身具、鉄製の馬具や武器などには、朝鮮半島や中国の影響が見られ、当時の活発な交流が偲ばれます。

また、百舌鳥古墳群に限りませんが、大型古墳は灌漑用水池や里山として周辺住民の暮らしを支える存在でもありました。現在でも、仁徳天皇陵古墳の周辺住民によって清掃作業が行われています。

［3］華やかな副葬品を誇る古市古墳群

古市古墳群は、羽曳野市および藤井寺市にまたがる南北四キロメートル・東西四キロメートルの範囲に、日本で二番目の墳丘長を誇る応神天皇陵古墳（誉田御廟山古墳）をはじめとする、前方後円墳二一基、円墳七基、方墳一七基、計四五基が現存しています。

古市古墳群で巨大古墳が造営された時期と、特に東アジアとの交流が活発化した「倭の五王の時代」、あるいは「鉄の時代」と言われる五世紀ごろとは重なると考えられています。そのためか、古市古墳群では、古墳に納められる副葬品に鉄製品、なかでも武器・武具が目立つことが特徴で、前期の古墳の副葬品の主だった鏡や腕輪形石製品は数が少なくなります。一方、金や銀を使った製品が副葬品に含まれるようになります。誉田御廟山古墳の陪塚である誉田丸山古墳から出土したと伝えられる金銅製の馬具はその代表格で、後半に造られた峯ヶ塚古墳の出土品では銀製品が目立っています。

［4］東アジアとの豊かな交流の証

百舌鳥・古市古墳群では、副葬品にも特徴が認められます。まず鉄製品の大量副葬という特徴がありますが、なかでも巨大前方後円墳の周囲を取り囲むように付属する陪塚としての中小古墳でこの傾向が強く、甲冑《かっちゅう》、鏃《やじり》、刀剣、鍬《くわ》・鋤《すき》先など同種のものを大量に副葬しています。当時、海外からの供給のみに頼っていた貴重な鉄資源をもとに、新しい技術を投入して造られた鉄製品を大量副葬した行為は、百舌鳥・古市古墳群の被葬者がいかに突出した勢力であったのかを物語っています。

また、副葬品のなかには最新の技術で製作された金銅製品が認められることも特徴です。

こうした出土品は、この地域と当時の東アジアとの活発な交流を物語っています。

峯ヶ塚古墳（羽曳野市）出土の花飾り

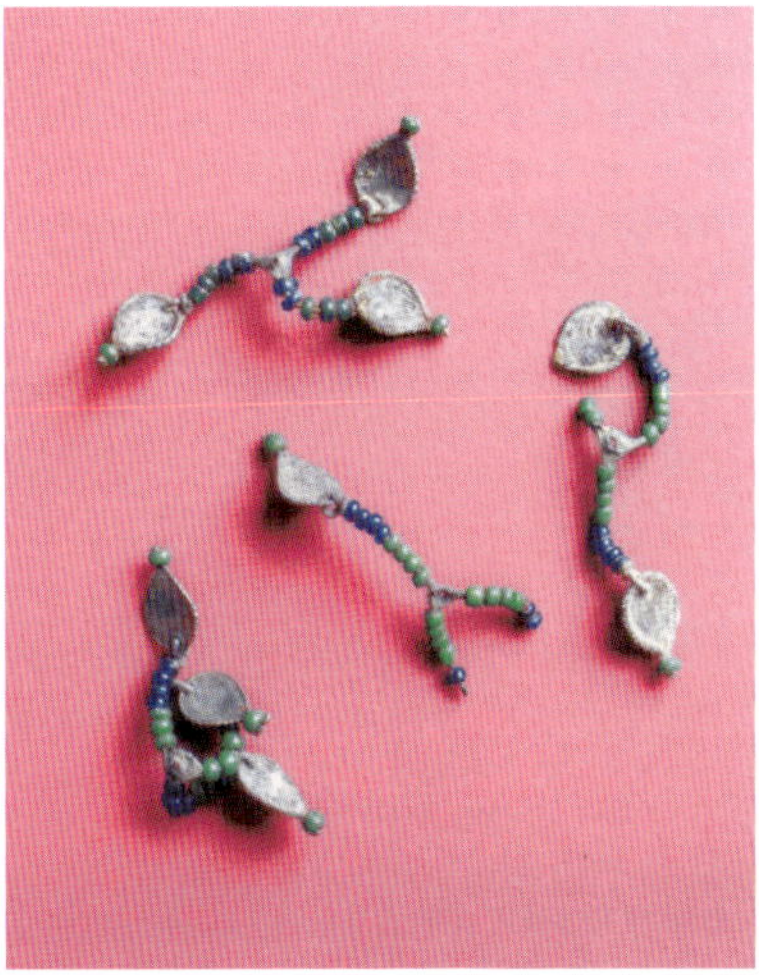

峯ヶ塚古墳出土の三叉形垂飾り

峯ヶ塚古墳出土の垂れ飾

峯ヶ塚古墳出土の魚形の装飾品

軽里４号墳（羽曳野市）出土の盾形埴輪

はじめに

日本のほとんどの人は古墳の存在を知っている。なんといっても最大のもので墳丘の長さが四八六メートルという大きさ、前方後円墳という独特な形、天皇の陵墓、かの邪馬台国の卑弥呼などといったイメージがすぐに出てくる。しかしではなぜこのような形の、かくも巨大なものが、いったい何のために造られたのか。なぜ古墳や陪塚の方向はバラバラなのか。古墳には本当は誰が埋葬されているのかというような話になると、徐々にミステリアスになってくる。

古墳は日本の古代、すなわち「ヤマト政権」があった奈良盆地や大阪平野だけでなく、実は北は東北から南は九州まで、円墳や方墳を含めればなんと二〇万基も造られたという。古墳が出現した三世紀中頃から後半、日本に天皇はまだ存在せず、各地をつなぐ道路もない。地域間で言葉もほとんど通用しなかっただろう。もちろん文字も持たない。宗教、特に仏教なども伝わっていない。にもかかわらず、なぜ同じような形をした古墳がかくも多く全国各地で造られたのか。いろいろな説はあるが、いまだ解明されていない。

私にとって不思議なのは、古墳を造ったその権力（何らかの王・覇者を頂点に、ある種の身分制や秩序のもと莫大な富を持ち、庶民に対して租税の徴収や長期間の苦役を課すことのできる力）である。例えば日本最大の古墳である仁徳天皇陵は、およそ二千人もの人がほぼ一六年も働かないと造ることができないと言われている。しかし、この時期、各地にそれぞれ小国とその盟主のような存在はあったが、全国を統一し支配するような権力はまだ存在していない。

とすれば、なぜ小さな国で、このような巨大なものが、しかも一つだけなく次々造られていったのか。視点を変えて、中国の秦の始皇帝陵や朝鮮の高句麗古墳群を造成した権力体制とわが国のそれとを比べて、どのような独自性が認められるのかなどなどを詰めていくと、誰もがにわかに考古学者になり歴史家になって饒舌になる。

これら古墳群の中から今回、百舌鳥・古市古墳群が世界遺産に名乗りを上げた。日本の世界遺産の歴史で言えば、古代国家のシンボルである奈良の法隆寺、あるいは東大寺大仏殿などから、中世を代表する京都（金閣や銀閣）や平安時代後期に現在の姿に造営された平家・厳島神社と、奥州藤原氏・平泉、現在申請中の源氏・鎌倉という「三都」（江戸時代の日光東照宮が間に挟まる）へ、歴史を古いものから順に新しいところへとたどってきたのに、今回は、一転して三世紀後半から六世紀末ごろの古墳時代にさかのぼる。

古墳は、その特異な形と巨大さと古さと神秘性において誰が見ても文句なしに世界遺産候補であり、日本のエースである。かのピラミッドや秦の始皇帝陵より大きく（平面積が）、しかもほぼ完璧に残されて生きている。こんなものはもう世界中どこを探してもないからだ。

ではなぜそれは世界遺産なのか。誰もが実は世界遺産登録は当然と考えていながら、ではなぜかと問われると実はその答えはなかなか難しい。世界遺産基準の「傑作」「価値観の交流」「文明の証拠」「歴史の見本」「存続が危ぶまれている見本」「伝統・思想、信仰、芸術、文学的作品」のどれに当てはまるのか？　これを検討していくと古墳にまた新しい光がさしてくる。

古墳は何を教えてくれているのか。それはもちろん日本という初期国家の「その形」である。

古墳から木棺、銅鏡だけでなく、金属製の農機具や武器、馬具などが発見されている。古墳の段丘に並べられた無数の埴輪に、当時の人々は何を託したのか。これらを一つ一つ読み解いていくと、国家の形だけでなく人々の暮らしの在り様も見えてくるのである。

二〇一二年一一月に京都で開かれたユネスコ四〇周年記念世界大会の主要課題は、多様な人類共通の遺産を、今後どのように維持していくか（「世界遺産と持続可能な開発・地域社会の役割・京都ビジョン」一二年一一月八日）ということであった。世界各地で多くの災害があり、また戦争が行われ、それらの災害や行為によって人類のかけがえのない遺産が多く破壊され、永遠に見ることができなくなっている。破壊から遺産を守るのは誰か。第一義的な当事者はもちろんそれぞれの国家である。国家は、戦争や災害から国民と国土そしてこれら遺産を守る最大の責任があるのだ。そしてそれだけでなくそれと同じようにあるいはそれを超えて「地域共同体」が挙げられたのが、世界遺産が生まれてから四〇年たった総括であった。

京都ビジョンは、世界遺産条約は、文化及び自然遺産の認定、保護、保存、整備及び次世代への伝承を確保する責任をうたうと同時に、遺産に「社会（コミュニティ）生活における役割を与える」としている。であれば「コミュニティの関心と要望は、遺産の保存と管理に向けた努力の中心に据えられなくてはならない。」「この観点から、十分に保護された文化及び自然遺産から生じる利益は、持続可能な開発と促進のため、遺産管理主体と専門家との緊密な協力を通じ、コミュニティに公正に分配されなくてはならない」[註1]と強調されたのである。

そしてこの持続可能性という観点から見ると、改めてこれまでのさまざまな評価にプラスしてその偉大性が浮かび上がる。

古墳は今から一七〇〇年も前、三世紀中頃に造られ始め、なぜか六世紀末になると一斉に姿を消していく。この長い間、中にはもちろん破損したものや盗掘されたものもないではないが、総じて日本人はこれをよく維持してきた。古墳を「祭祀・陵墓」として、また信仰や地域の文化や歴史を表すものとして、さらに、記憶の対象として守り続けてきた。七世紀以降の日本史を振り返ればわかるように、特に戦国時代はこの周辺でも大きな戦が行われた。また日本は災害列島として地震や洪水、雷、暴風雨など様々な無数の災害があり、これらは古墳も襲った。貧困や飢餓などにより古墳どころではないという時期も短いものではない。そしてそれらを上回る危機が、実は戦後、特に高度経済成長以降の「開発」によって生じた。道路やダムあるいはゴルフ場や団地などの開発は、森や川、海の自然だけでなく、都などの遺跡をも容赦しない。それら数々の要因によって、神社仏閣は消失し、貴重な遺跡が壊され、放置されたりしてきた。しかし、古墳はこれら歴史の試練に耐えて、なぜか奇跡的にと言ってよいくらいにそのままの形で残されてきた。現代の感覚で言えば、それは何よりも神社・仏閣などの権威をはるかに超える「天皇」というシステムと関係し、宮内庁が頑張ってきたからということであろう。しかし、それだけでは一七〇〇年という長大な維持管理の歴史は説明できない。古墳と天皇の関係が整備されたのはわずかに約一五〇年前の明治以降である。また、すべての古墳が天皇家のものではなく、埋葬者が誰かもわからないものが大多数である。さらに、これらはすべて史跡などとして国家の保護を受けているわけではない。物理的にも、当時相当な技術によって築造されたとはいえ、もちろん千年もつものではないだろう。にもかかわらず、それらが維持・保護されてきたのは、まさしく当該古墳の存在する地域共同体が、その価値を認め維持管理してきたからである。文献や証拠は必ずしも多くはないが、江戸時代に地域住民が古墳の濠の水を周辺の田畑の灌漑用水として利用してきたこと、またいつしか森となってしまった古墳から木を切り出すなどして入会《いりあい》として使われてきたというような記録がある。水利や入会は地域共同体にとって生活のための「命」であり、古墳はこの人民の命にとって不可欠な資源として維持管理されてきたのである。このような観点から古墳を見ると、それはまさに「コミュニティの中心にあって、人民の関心や要望を受け止め、さらにその利益を平等に配分してきた」。現代的な用語で言えば地域全体で資源を管理し、その利益をみんなに配分する「総有」が形成され、継続され、享受されてきたと言ってよいのであろう。ここには世界遺産条約と京都ビジョンの最も素晴らしいモデルがある。遺産は国家だけで守られるわけではない。それは地域共同体（専門家を含む）の「参加と責任」によって守られるのである。古墳の存在はおそらくは世界中にもほとんどその例を見ない、たぐいまれな維持管理の成功例なのである。日本はここにも日本独自の優れた文化を持っていることを誇ってよいのではないか。

古墳、特に今回の登録対象とされている百舌鳥及び古市古墳群は巨大都市の中にあり、その周辺には現代的な住宅が建ち並ぶ。かつての水利権や入会権も忘れられようとしている。では今後百年、二百年そして千年、どのようにして古墳を守っていくか。古墳を管轄する宮内庁、そして、濠や民有地（バッファゾーンの対象）を管轄する自治体や地域住民の責任は重い。祭祀や信仰の対象としてそれは存続され、また技術や法律を含む整備も進展するであろう。そしてそれ以上に本質的なものとして、「古墳」の謎を含めた大きな大きな「物語」を、全世界の人々と共有していくということが必要なのではないか。
世界遺産への登録とはそのような物語づくりへの第一歩と理解したいのである。

五十嵐敬喜

二〇一三年一月

［註1］外務省ホームページ、世界遺産条約採択四〇周年記念最終会合（概要と評価）「京都ビジョン（仮訳）」より抜粋

第一章　百舌鳥・古市古墳群を世界遺産に

歴史遺産としての百舌鳥・古市古墳群の価値

白石太一郎

しらいし たいちろう
一九三八年大阪府生まれ。考古学者。大阪府立近つ飛鳥博物館館長。国立歴史民俗博物館名誉教授。考古学の立場から日本の古代国家・古代文化形成過程の解明を目指す。百舌鳥・古市古墳群世界文化遺産登録有識者会議委員（専門部会委員）もつとめる。

一．古墳の造られた時代

東アジア大陸の東辺に位置する日本列島では、紀元前八〇〇年（較正炭素年代による）頃から水田稲作農耕を伴う弥生文化の時代が始まる。この水稲農耕を伴う新しい文化は、その初頭を除いて金属器をも伴っている。この初期農耕文化は、直接的には朝鮮半島南部からの渡来者たちがまず北部九州に伝え、それがそれ以前から日本列島で狩猟・採取経済を営んでいた縄文時代人たちの間に広く受け入れられたものである。最近の研究では、この渡来者の数はそれほど多くはなかったと考えられている。それはやがて北部九州以外の日本列島各地にも広がったが、気候条件その他の制約から、北の北海道と南の琉球列島には及ばなかった。

弥生時代の稲作農耕文化の受容に伴う生産経済の始まりは、各地に農耕村落を成立させ、さらにそれらが次第に統合されて初源的なクニと呼ばれる政治的集団を生み出していった。こうした政治集団の首長たちは、弥生時代の中頃には墳丘を持つ墳墓を営むようになっていたが、三世紀前半の弥生時代最終段階には、各地にそれぞれ特色ある墳丘墓を営むようになる。

さらに、三世紀中葉から後半になると、それら列島の各地で営まれた地域的特色を持つ墳丘墓を母体にして、前方後円墳をはじめとして地域を越えた画一的な内容の墳丘墓である「古墳」が造営されるようになる。この時代が古墳時代にほかならない。

この時代に営まれた古墳には、前方後円墳のほかに前方後方墳、円墳、方墳などがあるが、大規模なものはほとんど前方後円墳である。こうした初期の大型古墳は、その墳丘形態、内部に木棺を納めた竪穴式石室と呼ばれる埋葬施設、多数の銅鏡と鉄製の武器や農工具などからなる副葬品の組合せなど、きわめて画一的内容を持つことが大きな特色である。また、その中でも特に大規模な墳丘を持つ古墳は奈良盆地東南部に集中している。このことから、古墳の出現は、近畿の大和を中心に、西は九州から東は関東・東北南部に及ぶ広域の政治的首長連合の成立を反映するものと理解されている。

二、首長連合体制であったヤマト政権

中国の三国時代の歴史を書いた歴史書である『三国志』の「魏書《ぎしょ》」東夷伝の倭人条によると、三世紀前半の日本列島には「邪馬台国《やまたいこく》」と呼ばれる国を中心とする二九か国ほどの小国からな

る小国連合が形成されていたことが読み取れる。これを魏は「倭国《わこく》」と認識し、その盟主である邪馬台国の女王卑弥呼を「倭国王」として扱った。ただ、この邪馬台国の段階には、後の前方後円墳の祖形となる、短い張出し部を持った前方後円形の墳丘墓は出現していたが、まだ長大化した前方部を持つ定型化した大型前方後円墳は見られず、それが出現するようになるのは三世紀中葉ないし中葉過ぎと想定されている。

これらのことから大型前方後円墳の出現は、三世紀前半に近畿の大和を中心に西日本に成立していた邪馬台国連合と、この時期同じように東日本にも成立していたと想定される小国連合(それはおそらく濃尾平野にあったと想定される狗奴国《くなこく》を中心に形成された、狗奴国連合とも呼ぶべきものであったと私は想定している)とが三世紀中葉に統合され、日本列島の中央部により広域の政治連合が成立した結果と考えられる。

この、西は九州から東は東北南部に及ぶ日本列島中央部に出現した広域の首長連合は、前方後円(方)墳のあり方から見ると、近畿の大和(奈良県)に最大の箸墓《はしはか》古墳(墳丘長二八〇メートル)が見られ、その二分の一の墳丘規模のものが中国地方の吉備(岡山県)に、さらにそれらより小規模なものが北部九州や中部、関東などに見られる。こうしたことから、これらの古墳を造営した首長たちのなかで、この政治連合の盟主権を握っていたのは大和を中心とする近畿地方の勢力であったことは明らかである。このため、この政治的首長連合は一般にヤマト政権と呼ばれている。

こうした大型の前方後円墳が各地に営まれた古墳時代は、三世紀中葉頃から六世紀末葉にまで及び、大きく前期(三世紀中葉～四世紀後半)、中期(四世紀後半～五世紀末葉)、後期(五世紀末葉~六世紀末葉）に区分される。ただ、その全期間を通じて、最大規模の前方後円墳が近畿地方の大和や河内・和泉に営まれたことには変わりはない。

つまり、前方後円墳を中心とする古墳は、ヤマト政権と呼ばれる首長連合の政治体制・政治秩序と密接な関係をもって造営されたものと捉えられているのである。そしてその造営は、隋による中国再統一という強い刺激を受けて、倭国が首長連合体制から脱皮して大王を中心とする中央集権的な政治体制を目指すようになる六世紀末~七世紀初頭の推古朝まで続くのである。この前方後円墳が造営された時代、つまりヤマト政権と呼ばれる首長連合体制の時代が古墳時代にほかならないのである。

三．大規模な前方後円墳が集中する近畿地方

こうした前方後円墳をはじめとする古墳は、日本列島の各地に見られるが、多くの場合、それらは一定の地域に群をなして営まれており、それらは古墳群と呼ばれている。おそらくそれぞれの地域の政治集団が、それぞれの墓域に古墳を営んだものであろう。それらの古墳群の中でも特に大規模な前方後円墳が集中して営まれている大古墳群は近畿地方中央部に多いが、それらの中でも墳丘長二〇〇メートル以上の大型前方後円墳が四基以上営まれているのは、大和の奈良盆地東南部のオオヤマト古墳群、同じくその北部の佐紀《さき》古墳群、同じく西南部の馬見《うまみ》古墳群、さらに大阪府南部の河内《かわち》の古市古墳群と同じく和泉の百舌鳥古墳群の五大古墳群である。

それらの中でも日本列島最大の前方後円墳である大仙陵古墳（仁徳天皇陵古墳、墳丘長約五〇〇メートル）を中心に形成されているのが大阪府堺市の百舌鳥古墳群であり、大仙陵古墳に次ぐ第二位の誉田御廟山古墳《こんだごびょうやま》（応神天皇陵古墳、墳丘長約四二〇メートル）を中心に形成されているのが、大阪府羽曳野市・藤井寺市の古市古墳群である。そのうち百舌鳥古墳群では、すでに失われたものを含めて一〇二基の古墳の存在が知られており、そのうち前方後円墳が三七基、円墳が五六基、方墳が九基であり、墳丘長二〇〇メートル以上の大型前方後円墳が四基存在する。一方の古市古墳群では、前方後円墳三一基、方墳五一基、円墳三七基、墳形不明八基の合計一二七基が知られており、うち墳丘長二〇〇メートル以上の大型前方後円墳が七基もある。

前節で述べたように、古墳の造営はヤマト政権と呼ばれる首長連合の政治構造と密接な関連を持つものと考えられている。そして古墳の墳丘規模は、このヤマト政権を形成した各地の首長たちの、政治連合内での政治的身分秩序を反映しているものと捉えられている。したがって、その盟主である大首長、すなわち大王の墓が最も大規模に造営され、次いでこれと同盟関係にあった地方の有力首長などが大規模な古墳を造営したらしい。

ところで、これらの大型前方後円墳の多くは近畿地方の大和や河内・和泉《いずみ》に分布しているが、その多くは古代の天皇や皇后などの陵墓に指定されている。現在も天皇家の祖先の墓として祭祀が続けられており、埋葬施設などの発掘を伴う調査などは行われない。ただ、それらの大型前方後円墳にはさまざまな形態の埴輪と呼ばれる土製品が立て並べられており、その中でも最も数多い円筒状の円筒埴輪は周濠の外部の外堤上などにも立てられていて、その破片などは比較的たやすく採集することができる。

また、天皇陵などに指定されている古墳についても、濠の巡る墳丘の護岸工事などが行われる際には、宮内庁書陵部の専門家によって事前の発掘調査が行われ、古墳の本来の遺構を損傷しないように工事が実施されるようになっている。こうした天皇陵などの保全工事の事前発掘調査によっても多数の円筒埴輪などが出土している。最近ではこの円筒埴輪の年代研究が進み、墳丘それ自体の型式や一部知られている埋葬施設や副葬品の内容などと相まってそれらの古墳のおおよその造営年代を想定することができるようになってきている。

四・百舌鳥・古市古墳群出現の意味

日本列島各地の大型古墳（その大部分は前方後円墳である）を編年的に整理すると、それぞれの時期で他の古墳から隔絶した規模の古墳、すなわち大王墓と想定できる古墳を見つけ出すことは、古墳時代の前半期においては比較的容易である。それらはすべて近畿地方に見られるが、図1はこの近畿地方の大型古墳を円筒埴輪の編年研究の成果などをもとに、造営時期によって整理したものである。

これを見ると古墳時代前期でもその初頭から中葉過ぎまでの時期、すなわち三世紀中葉～四世紀中葉では、他の古墳から隔絶した規模の大王墓と想定できる大型前方後円墳が六基ほど見られるが、それらはいずれも大和の奈良盆地東南部のオオヤマト古墳群に見られる。ついで前期の後半、すなわち四世紀後半になると、超大型前方後円墳は奈良盆地北部の佐紀古墳群に二

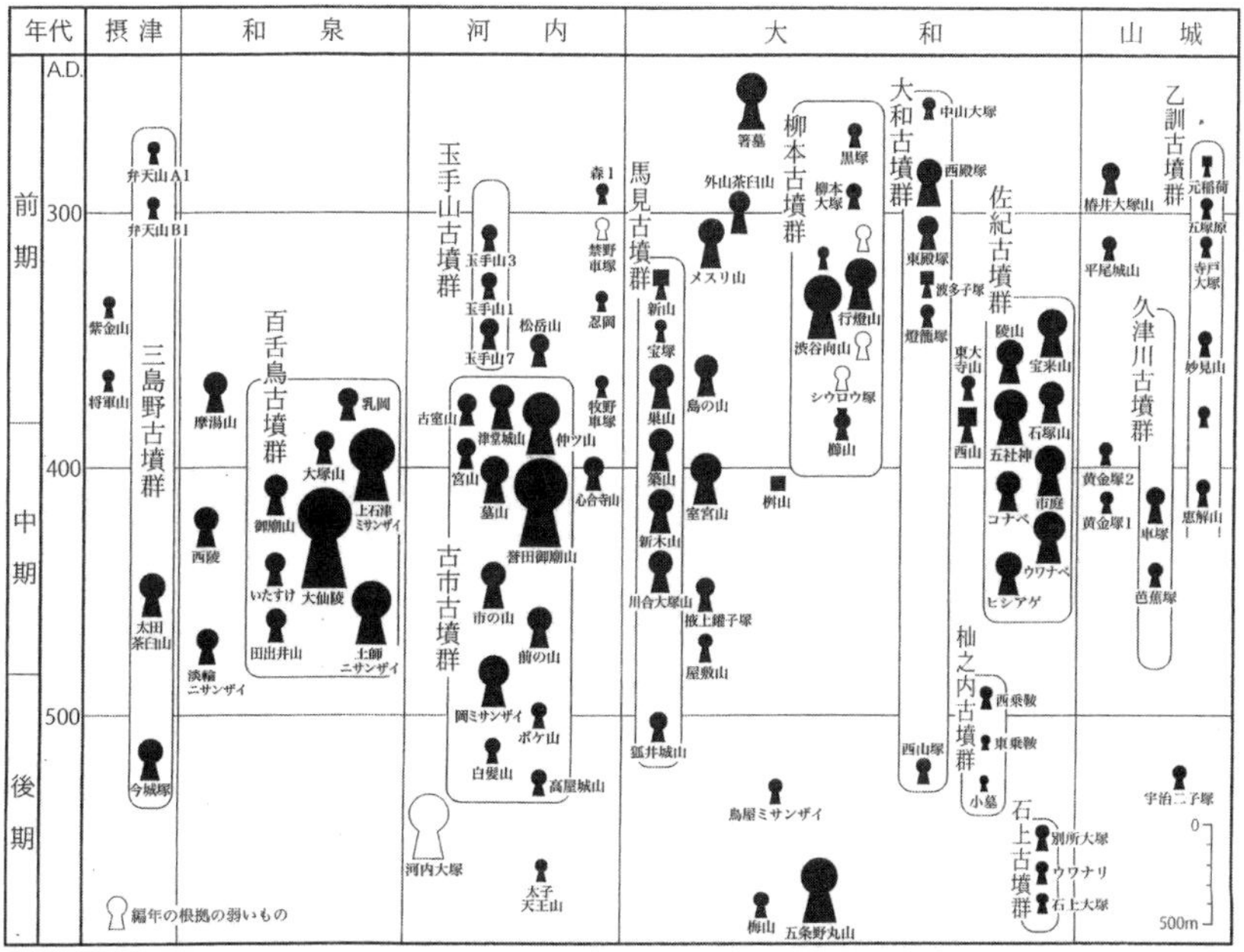

図1 畿内における大型古墳の変遷

基程度営まれる。つまり、古墳時代前期の段階では、大王墓はいずれも奈良盆地に営まれていたのである。

ところが、四世紀後半~末葉以降の古墳時代中期になると、大王墓と想定できるような隔絶した規模を持つ古墳は、いずれも大阪府南部の河内の古市古墳群と和泉の百舌鳥古墳群に営まれるようになる。すなわち大阪平野に営まれた最初の大王墓は古市古墳群の仲津山古墳（仲姫皇后陵古墳、墳丘長二八六メートル）であり、次いで百舌鳥古墳群に上石津《かみいしづ》ミサンザイ古墳（履中《りちゅう》天皇陵古墳、三六五メートル）、次いで古市古墳群に誉田御廟山古墳（応神天皇陵古墳、四二〇メートル）、次いで百舌鳥古墳群に大仙陵古墳（仁徳天皇陵古墳、約五〇〇メートル）が順次営まれる。つまり、古墳時代中期の前半には、大王墓はいずれも大阪平野南部の古市古墳群と百舌鳥古墳群に交互に営まれたことが知られるのである。

古墳時代中期の後半になると、次第に前方後円墳の規模が小さくなり、それまでのように容易に大王墓と考えられる古墳を選び出すことが困難になる。しかしそれ以後も、基本的には大王墓が大阪平野の古市古墳群ないし百舌鳥古墳群に営まれたことは疑いなかろう。
百舌鳥古墳群の土師《はぜ》ニサンザイ古墳（東百舌鳥陵墓参考地、二八八メートル）、古市古墳群の岡ミサンザイ古墳（仲哀《ちゅうあい》天皇陵古墳、二三八メートル）などが大王墓であることは確実であろう［註1］。さらに後期の六世紀になると古墳の規模はさらに小さくなり、考古学的に大王墓を抽出することは困難になる。しかし『古事記』『日本書紀』などの文献史料は、この時期になっても古市古墳群に何代かの大王墓が営まれたことを伝えている。

このように四世紀末葉以降、それまで一貫して大和の奈良盆地に営まれていた大王墓と考えられる大型前方後円墳は、大阪平野の古市古墳群や百舌鳥古墳群に営まれるようになる。この大王墓の奈良盆地から大阪平野への移動については、奈良盆地に本拠を置く大王家が単に墳墓の地を大阪平野に移したに過ぎないとする意見もある。しかし、古墳が営まれるべき場所は、基本的にはその政治勢力の本拠地であることは疑いなかろう。この原則に立つ限り、大王墓が大阪平野へ移動するということは、大阪平野の政治勢力が大王権を掌握した結果と考えるほかない。

ただ、それは決して王朝の交替というようなものではない。本来的にこの時代は連合政権の時代であり、その盟主権は交代しうるものであったからである。さらに大王墓が大阪平野に移る五世紀前半になっても、それ以前に大王墓が営まれた奈良盆地の佐紀古墳群では、百舌鳥・古市の大王墓には及ばないが、二〇〇メートル級の大型前方後円墳が何代か造られ続けているのである。

私は、それらは大阪平野に墳墓を営んだ河内・和泉の大王の后妃の父親の墓であり、后妃もそこに帰葬されているものと考えている。すなわち、大阪平野の新しい大王たちは、入り婿のカタチでそれ以前の大和の王家に繋がっていたものと思われるのである。

五．百舌鳥・古市古墳群が物語る初期の国家形態

古墳時代に日本列島で大王をはじめとする政治的首長たちが営んだ古墳が、前方後円墳という他の地域に例を見ない特異な墳丘形態を持つものであり、またその規模は過去の人類が営ん

だ各地の王墓などと比較してもきわめて大規模なものであった。それら日本列島の大型前方後円墳の中でも最大の規模をもつ大仙陵古墳を中心とする百舌鳥古墳群、誉田御廟山古墳を中心とする古市古墳群が、東アジア各地との交流を物語る豊富な出土品とともに、日本の歴史を考えるうえで欠くことのできない貴重な歴史遺産としての大きな価値を持つものであることは言うまでもなかろう。ここではさらにそれらが、人類共通の歴史遺産として大きな意味を持つものであることを指摘しておきたい。

前節で述べたように、当時、東アジア世界で「倭国」と呼ばれた日本列島の国家形態は、前方後円墳の分布それ自体が明確に示すように、列島各地の政治的首長たちによる首長連合にほかならなかった。このことを何よりもはっきりと物語るのが、その盟主である大王の墓が三世紀後半から四世紀後半までは奈良盆地、すなわち大和にあったのが、四世紀末葉以降、大阪平野南部の河内の古市古墳群と和泉の百舌鳥古墳群に移動することである。本来的に古墳はその政治勢力の本拠地に営まれるものであったことからも、これはそれまでの大和の勢力に変わって河内の勢力が王権を掌握したことを示すものにほかならないと考えられるのである。

四世紀になると東アジア世界では北方騎馬民族が中国へ南下し、その北半は騎馬民族の支配するところとなり、中国は南北分裂時代を迎える。その影響は朝鮮半島にも及び、鮮卑に侵攻された高句麗《コグリヨ》は、北で失った領土を南に求めようと南下策を採る。これに対して南の百済《ペクチエ》は、倭国を味方に引き入れてあくまでも高句麗と対決しようとする。鉄資源をはじめ先進文物を朝鮮半島に求めていた倭国も、この百済と同盟を結んで朝鮮半島に出兵することになる。この四世紀後半における倭国と百済の同盟関係の成立については、『日本書紀』の神功《じんぐう》皇后紀に引かれている「百済記」など朝鮮半島系史料からも明らかであり、また奈良県天理市石上《いそのかみ》神宮の七支刀の銘文はこの日本と百済の同盟の成立を具体的に裏付ける考古学的資料である。

こうした東アジアの国際情勢の大きな変化に対し、大和に本拠を置いていた邪馬台国以来の宗教的・呪術的性格の強い大和の王権では対処することができず、それ以前から大和の王権を援けてその外交や交易を担当していた大阪湾岸の河内・和泉の勢力が、政治・外交の実権を握るようになったのはむしろ当然のことではなかろうか。

ヤマト政権の盟主権の大和から河内・和泉への移動は、当時の倭国が首長連合体制にほかならなかったことを何よりも明確に物語る。それはまた、日本の古墳が単にその規模が大きいだけではなく、近畿のものに比べると小さいとはいえ、南九州を含む九州・中国・中部・関東、さらに東北中・南部などの各地にも、きわめて大規模な前方後円墳が古墳時代を通じて営まれていることからも明らかであろう。それは、中国においては前漢代の巨大な皇帝陵がいずれも漢長安城の付近に集中して営まれ、それ以外の地域にはこうした大規模な墳丘墓がほとんど見られないことと比較するとより明確に理解されよう【図2】。また、朝鮮半島最大の墳丘を持つ双円墳の皇南大塚《ファンナムデチョン》（墳丘長約一二〇メートル）など五世紀頃の新羅《シルラ》の大規模な古墳が、すべて都の慶州に集中していることと比較しても大きな相違点である。

こうした日本列島における前方後円墳のあり方は、東西に長い日本列島に成立した初期の原初的な国家が、各地の首長たちの政治連合にほかならなかったことを明確に示すものであろう。人類が生み出したさまざまな原初的な国家形態の中でも、きわめて特徴的な一つのあり方を示す具体例として、その世界史的・人類史的意義はきわめて大きいと思われる。

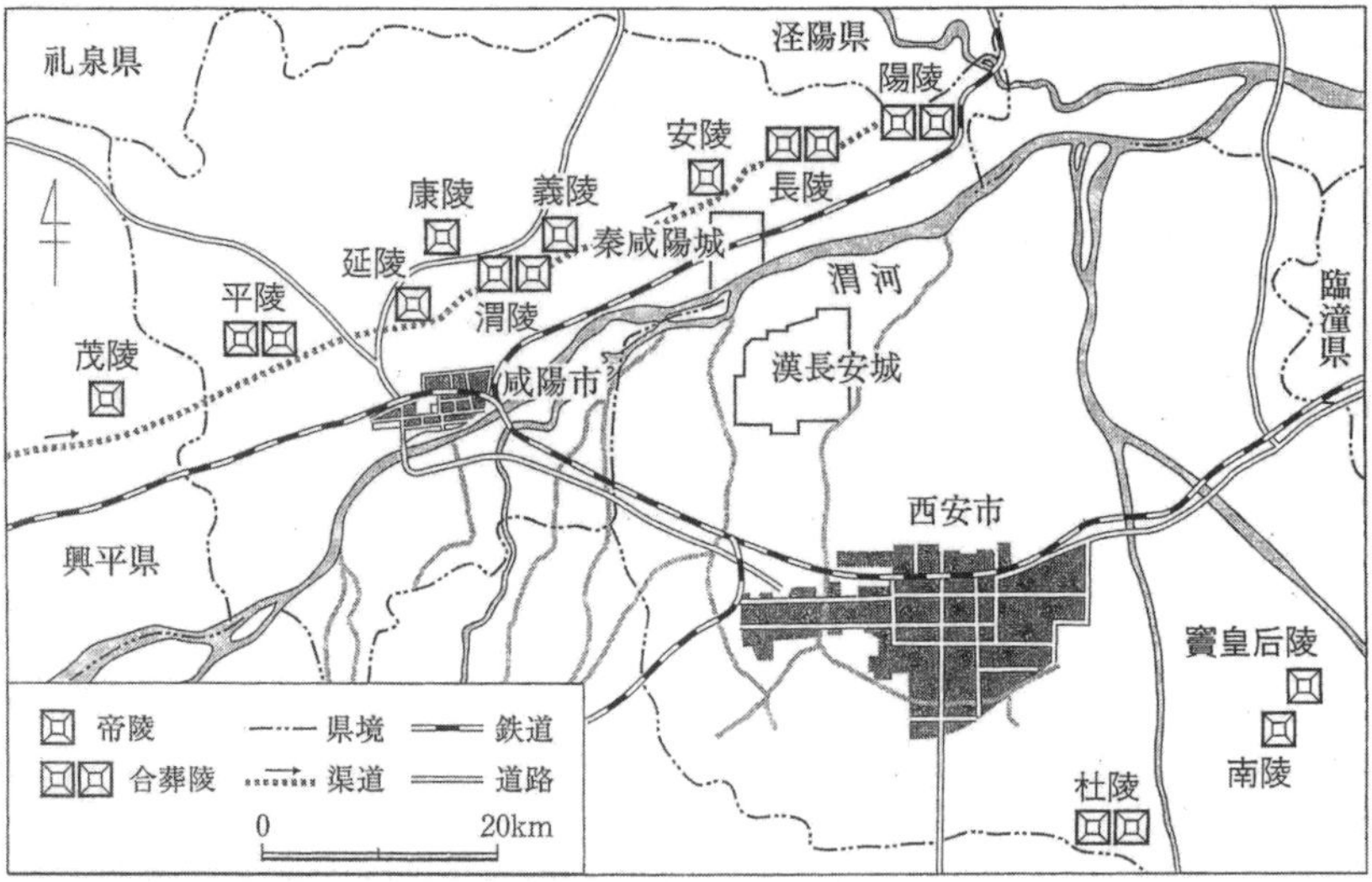

図 2 前漢皇帝陵の分布

南墳に男性、北墳に女性を埋葬した夫婦塚とされる
皇南大塚（韓国、慶州）

百舌鳥・古市古墳群は、こうした日本列島に成立した特異な初期の国家形態を具体的に物語る列島の古墳を象徴的に代表するものとして、大きな人類史的・世界史的意義を持つものといえよう。

六．中国文明周辺地域の文明化の契機を示す遺産

いま一つ、百舌鳥・古市古墳群が持つ人類史的な意義は、中国という高文明の周辺地域がどのようにして文明化したのか、その契機を具体的に物語る歴史遺産でもあることであろう。百舌鳥・古市古墳群の成立が、倭国の首長連合の盟主権が奈良盆地の大和の勢力から大阪平野の河内の勢力へ移動したことを示すものであり、それが北方騎馬民族の移動に伴う高句麗の南下という、四世紀後半の東アジア情勢の大きな変化と連動するものであることはすでに述べたところである。

ただ、弥生時代から古墳時代前期の日本列島には馬は見られず、倭人たちは乗馬の風習を持っていなかった。倭国が百済と同盟を結んで高句麗と戦うためには、まず騎馬戦術・騎馬文化の受容が大前提となる。自国の存亡がかかる百済は、その南の伽耶《カヤ》諸国とともに、多くの技術者を倭国に送って、馬具の生産技術や馬匹の生産方法などを積極的に伝える。それは単に騎馬文化に関わる技術だけにとどまらず、さまざまな金属生産技術、製陶技術、土木・建築技術などから、文字文化や学問・思想にまで及ぶ広範なものであったと想定される。日本列島で文字、

すなわち漢字が本格的に使用されるようになるのも、これ以降のことである。

まさに、これを契機に日本列島の文明化が始まり、倭国が東アジアの文明社会の仲間入りを果たすのである。その後も五〜六世紀に引き続き多くの渡来人がやってきて、また倭人たちの彼の地への渡海も多くなり、早くも二〇〇年後の七世紀前半には優れた飛鳥文化が生み出され、さらにその一〇〇年後には中国にならった中央集権的な律令制古代国家が完成するのである。

百舌鳥・古市古墳群出現の背景こそは、まさにこうした日本列島の文明化の契機そのものにほかならない。東アジアの国際的危機が、倭国の文明化を促したのである。

奈良盆地東南部のオオヤマト古墳群、北部の佐紀古墳群の大王墓やその周辺の同時期の古墳からは、馬具はまったく出土していない。それに対して、古市古墳群の盟主ともいうべき誉田御廟山古墳の陪塚［註2］である誉田丸山古墳からは、五世紀の早い段階のものとしては東アジア世界でも最も優れたものの一つといえる、金銅製の見事な装飾を持つ鞍などを含む馬具が出土している。また、百舌鳥古墳群で最初の大王墓と考えられる上石津ミサンザイ古墳（履中天皇陵古墳）の陪塚である七観《しちかん》古墳からは、見事な金銅製の帯金具などとともに、四世紀末葉頃の馬具が出土している。

このように百舌鳥・古市古墳群には、それ以前の大和の王墓群とは異なり、東アジア世界で第一級の金銅製馬具をはじめ、広く東アジア各地からの新しい舶載文物が豊富に見られるのである。

これら百舌鳥・古市古墳群を構成する大王墓やその周辺の古墳とそこに副葬された東アジア系の舶載遺物群こそは、中国文明という高文明の周辺地域がいかにして文明化を果たしたのか、その契機と過程を具体的に物語る貴重な人類史的遺産にほかならないのである。

むすびにかえて

以上、日本考古学の立場から、百舌鳥・古市古墳群出現の歴史的意義とその人類史的・世界史的意義について述べた。こうした論拠からも百舌鳥・古市古墳群が人類全体にとっても普遍的価値を持つ文化遺産であることは疑いないと、私は考えている。

ただこれは、日本考古学、あるいは日本古代史を学ぶものの立場からの思いであり、必ずしも世界遺産の登録に求められる具体的なクライテリアに即して考察したものではない。この点については、これまで日本の文化遺産の登録に尽力してこられた先生方のご教示を得て、さらに検討を深めていきたいと考えている。

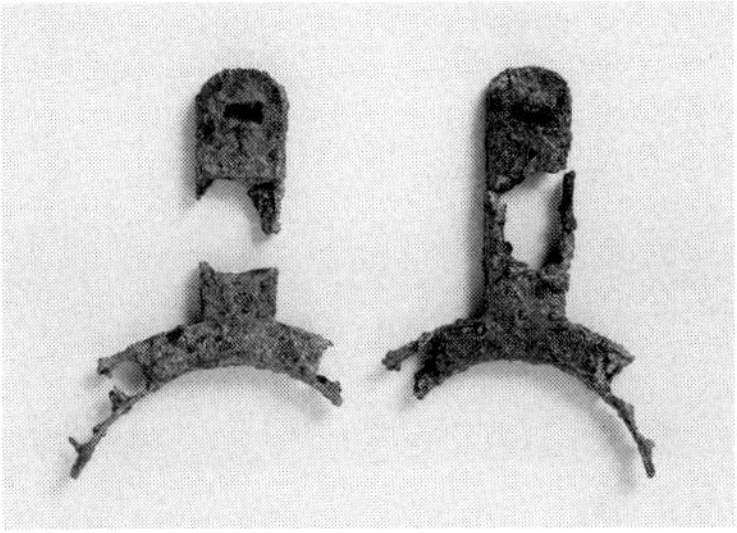

七観古墳（堺市）出土の馬具（輪鐙）京都大学総合博物館所蔵　写真提供：大阪府立近つ飛鳥博物館

なお、百舌鳥・古市古墳群は大都市大阪の近郊にあって、古墳周辺部の都市化が進んでいる。しかし、そのことによって歴史遺産としての古墳の大きな価値が損なわれているわけではない。むしろ、周辺の都市化にもかかわらず、人びとの生活と歴史遺産の共生が図られてきたことの意義を重視すべきではなかろうか。

さらに、百舌鳥・古市古墳群の構成資産の多くは、天皇家の祖先祭祀の場である陵墓でもある。ただそのことと、それらを人類共通の文化遺産として国際的な承認を求め、世界遺産としての保全を図ることとは何ら矛盾しないと考えている。この百舌鳥・古市古墳群の世界遺産化運動を契機に、陵墓のあり方についてのバランスのとれた国民的合意の形成が進むことを願っている。

［註1］土師ニサンザイ古墳は百舌鳥古墳群南東端に位置する全国八番目の、また、岡ミサンザイ古墳は全国で一八番目の規模の古墳の前方後円墳である。名称の「ニサンザイ」や「ミサンザイ」は、貴人の墓を意味する「陵（みささぎ）」が転訛したものと言われている。

［註2］陪塚は、大型の古墳と同時代に、その大型の古墳の周囲に計画的に建設されたとみなされる小型の古墳である。中心となる大型の古墳に埋葬された首長の親族や臣下を埋葬する以外にも、大型の古墳の埋葬者のための副葬品を埋納するためのものもあると考えられる。「ばいづか」または「ばいちょう」と読む。

古墳づくりと他界観

和田晴吾

わだ せいご
一九四八年 生まれ。考古学者。立命館大学文学部人文学科教授（日本史学専攻）。水稲農耕社会の生成期から古代律令国家形成期にいたる歴史過程を、とくに古墳を中心とした葬制の面から研究している。一九八七年の論文「古墳時代の時期区分をめぐって」（『考古学研究』第三四巻第二号）は、古墳の編年研究に大きな影響を与えた。

はじめに

日本の各地に数多くの古墳が残っている。あるいは市街地に緑の島のように、あるいは山裾に小山のように、風景に溶けこんでいる。古墳は日本の歴史的・文化的景観を構成する主要な要素の一つなのだ。

そのわけは、長い日本の歴史のなかで、大規模な土木工事をともなう古墳づくりに人々が熱狂した時代があったからである。現在、私たちが古墳時代と呼んでいる時代のことだ。

一・古墳が造られた時代

古墳時代という時代

日本列島では、三世紀中葉から六世紀末葉にかけての約三五〇年間に、南は九州地方から北は東北地方南部までの地域で、盛んに古墳が造られた。形は前方後円墳、前方後方墳、円墳、方墳の四種類が基本で、前方後円墳が約四七〇〇基、前方後方墳が約五〇〇基。大小の円墳・方墳を加えると、その総数は優に一〇万基を超える。

この間、各地の古墳は、地方色を持つとは言うものの、古墳文化という一つのまとまりある文化のもとに造られた。しかも、興味深いことに、各時期の古墳の形と大きさには一定の階層的な秩序が認められるのである。古墳時代とは、墳丘の長さが二〇〇メートルを超える巨大前方後円墳を頂点に、四つの基本形の古墳が、その形と規模を基準に、一定の階層的秩序を形成しつつ造られた時代だったと言うことができる。

そして、古墳時代を通じて、各時期の頂点となる最高権力者（大王と呼ぶ）の古墳は、一貫して畿内地域（旧大和・河内・和泉を中心とした近畿地方中央部）に築かれ、古墳文化を構成する諸要素も大半がこの地域を中心に発達し、周辺へと広がっていった。そのため、われわれは、この古墳の秩序を成り立たせている政治勢力をヤマト王権と呼び、その中心が畿内地域にあったと判断している。日本の八世紀の歴史書である『古事記』や『日本書紀』に書かれている内容と、神話的な部分を除けば、ある程度の整合性がある。中国南朝の歴史書に出てくる「倭国」とは、このヤマト王権のことなのである。同形同大の墳丘や、相似形の墳丘がしばしば認められる古墳の形と規模は、古墳に葬られた人の、生前における王権内の政治的身分を反映しているものと理解したい。

百舌鳥・古市古墳群が造られた時期

今から千数百年も前の農業社会と言えば、さぞかし素朴で牧歌的な社会だったのではないかと思われがちだ。しかし、古墳の築造状況を検討すると、実はこの時代は、古代国家の形成過程にあたり、激変する躍動的な時代だったことがわかる。

そのなかで、百舌鳥・古市古墳群が築かれた時期は、古墳時代を三時期区分したうちの中期（四世紀後葉～五世紀中葉ころ）にあたる比較的安定した時期であった。前期には、全国各地で地元を支配している首長たちが数多く王権下に服属的に結集してきたが、中期には、王権の支配体制が強化され、畿内地域を中心とする、大王ほか限られた数の有力大首長が、各地の数多くの首長たちを序列化し再編しなおしたものと判断できる。

わたしは、この時期のヤマト王権の政治体制を首長連合体制の成熟期（前期は形成期）と評価しているが、それは古代国家形成過程における一つのピークをなす段階で、初期的な国家段階とも言うことができる。ただ、大王権力はけっして専制的なものではなかった。大王の専制化が急速に進行するのは、各地の首長の在地支配が弱体化され、広汎な民衆にまで王権の支配が及ぶようになる後期以降のことで、この時期にはかえって前方後円墳の多くは小型化し減少していく。

したがって、この中期のヤマト王権の歴代大王の墓域である百舌鳥・古市古墳群では、大王の古墳は比類なく巨大となり、周辺にはその一族・功臣の古墳が多数造られ、日本最大の古墳群を形成することになった。

東アジア世界との交流と文明開化的状況の現出

王権は、この安定した体制を背景に、中国（南北朝時代）や朝鮮半島諸国（三国時代の高句麗・百済・新羅・加耶）など、東アジア世界と活発に交流した。中国の歴史書で南朝に朝貢したとされる「倭の五王」もこの時期の大王で、この古墳群に眠っているはずだ。

その結果、中期の社会には、東アジアの、おもに朝鮮半島から多くの人・もの・情報が伝来し、多くが定着していった。牛馬の飼育が始まり乗馬の風習が定着した。鍛鉄（製鉄も始まるか）・金工・窯業・農業・軍事などの諸技術が革新され、衣食住の各方面でも改革が見られた。物質文化の大半が変革されたことになるが、それにともない新しい精神文化も伝わり、その一環として文字（漢字）の使用も始まった。

言ってみれば、当時の東アジア諸国との交流は、日本列島の古墳時代社会に、「古代化」に向けての文明開化的状況を現出させたのであり、それは、その後のわが国の文化の基礎となっていったのである。

二．古墳を造る

古墳づくりの特徴

では、巨大な前方後円墳はどのように造られたのだろう。前・中期の古墳の築造手順を検討すると、その特徴は、墳丘を先に築き、後から後円部頂上の平坦面に墓坑（墓穴）を掘って遺体を納める埋葬施設（竪穴式石槨や粘土槨など[註1]）を造った点にある。なぜなら、東アジアには埋葬施設を造ってから墳丘を築く地域が多いからである。たぶん、大王以下有力者の古墳は、いわゆる寿陵《じゅりょう》として、生前から墳丘を築きはじめ、葺石[註2]を施した段階程度までは仕上げられていた可能性が高い。

作業の基本は、時には鉄の刃がつく木製の鋤・鍬を中心とした単純な道具と人海戦術（集団行動）にあった。最大の古墳である仁徳天皇陵古墳（大仙陵古墳）に対する大林組の試算では、墳丘を築き、周濠を掘り、葺石を施し、埴輪を樹立するのに、牛馬を使わない古代工法で、ピーク時には二千人が働いて（一日八時間・月二五日）一五年八か月余りを要したという。労働者の衣食住をまかなう人々なども考えると、古墳の造営現場は、当時、もっとも多くの人が集まる場所であったと言えるだろう。

しかも、できあがった墳丘の左右対称・三段築成の精美な前方後円形の形態からは、高度な設計・測量・土木技術が窺われる。しかし、何といっても驚かされるのは、数千人もの人を何年にもわたって一定の目的のために働かせた労務・施工管理能力の高さである。そこには専門性の高い整備された造墓組織の存在が浮かび上がってくる。

『日本書紀』の雄略九年の記事には、淡輪《たんのわ》に紀小弓《きのおゆみ》[註3]の墓を造った時の話として、古墳づくりを担当する「視葬者《はぶりのつかさ》」というのが出てくる。後世の潤色の可能性も残すが、王権の統治組織のなかの重要な職掌の一つとして、古墳づくりを中心とする葬送（喪葬）儀礼全般を担った組織があったに違いない。したがって、ここでは「視葬者」を、それを示唆するものとして、ほぼ同時代の刀剣の象嵌銘にでてくる「杖刀人」や「典曹人」[註4]と同様、当時の王権の初期的な官僚機構の一部を形成するものとして評価しておきたい。

全国各地で造られた古墳は、共通の死生観・他界観のもとに、一定の様式にもとづいて、一定の階層的秩序を形成しつつ築かれていたのであり、そこには儀礼を指導・管理・執行する王権内の組織が必要不可欠だったと考えるからである。彼らの活動の対象は大王とその一族や有力首長に限られていた可能性があるが、有力な首長のなかには自ら同様な役割を担う部門を組織していた可能性もある。

今後、古墳造営キャンプなどの実態がより明らかになれば、現場の状況もよりリアルに語れるようになるだろう。

三．古墳とは何か

埋葬が終わった後、古墳の表面は葺石や埴輪、あるいは木や布の象徴的・装飾的な品々で飾られ、何らかのものに仕上げられた。

百舌鳥・古市古墳群が造られはじめる古墳時代中期初頭ごろ、古墳の様式は一つの完成期を迎えるが、その時期の埴輪の種類や配置を検討すると、次のように整理できる。

すなわち、埴輪群の中心は入母屋・寄棟・切妻などの各種の家形埴輪群【写真1】で、後円部頂上平坦面の中央（埋葬施設の直上）に置かれた。そして、それを取り囲むように方形に円筒埴輪列が立て並べられ、その内外に建物の権威を示す蓋《きぬがさ》【写真2】や翳《さしば》などの威儀具や、建物を護る盾、靫《ゆき》、太刀、甲冑などの武器・武具類が置かれ、さらに、その全体を包みこむように、各段築の平坦面には円筒埴輪や朝顔形埴輪が何重にも樹立されたのである。朝顔形埴輪は飲食物を満たした壺とそれをのせる器台を一体的に表現したものであり、円筒埴輪は器台だけで同様の意味を表したものである。そして、家形埴輪群の前や周辺からは、ミニチュアの壺や高杯（時

写真1：古墳から出土する埴輪は死者の魂が赴く他界の表現と考えられる。写真は、栗塚古墳（羽曳野市）出土の家形埴輪。

写真2：津堂城山古墳（藤井寺市）出土の形象埴輪・蓋。

写真4：城山古墳（藤井寺市）出土の水鳥形埴輪はコハクチョウをモデルにしたと考えられている。現在知られている中で最古のものである。

写真3：岡古墳（藤井寺市）出土の船形埴輪。

写真5：狼塚古墳（藤井寺市）出土の囲形埴輪は、一辺につき2つの箱を直列させ、1.2メートルの範囲を四角く囲っている。その中には小さな河原石（礫）が敷き詰められ、その上に凹の形をした導水施設が置かれていた。

には実物大）や笊《ざる》形土器などと、食物を真似た土製品などが出土する。

出土遺物やその配置関係は、芝居でいえば小道具・大道具ということになるが、それらから舞台の場面を想像すれば、それは、葺石で覆われた岩山の頂上に、威儀を正した防護堅固な屋敷があり、そこは飲食物に充ち満ちた世界で、絶えず山海の幸が供えられている、ということになる。

私はこの世界を、死者の魂が赴く他界（彼の世・来世）の表現と理解したい。神仙思想的な他界の表現である。言いなおせば、古墳はその表面に他界を表現した「他界の擬《なずら》えもの（模造品）」であると考えるのである。死後の世界を表現した、可視化した、日本で最初の創作物とも言える。

埋葬施設が、遺体を納める「棺」とそれを保護する「槨」であった時代、中国では魂魄《こんぱく》の思想が広がり、生きている時には合体していた魂魄は、人の死とともに分離し、「魂気は天に帰し、形魄は地に帰す」（『礼記』）と考えられた。したがって、肉体的な要素である形魄（遺体）は地中の棺・槨のなかに封じこまれ永遠の眠りにつく（消滅していく）が、精神的な要素である魂気（魂）は時空を旅して遥か彼方の他界へと赴く。古墳に表現された世界とは、当時の人々が考えた、まさにこの他界なのである。

すでに指摘されているように、魂が他界へと赴く乗り物には船が使われた。中期初頭の奈良県巣山古墳の周濠から出土した実物大の飾られた船から想像をふくらませれば、大王や首長などの貴人が死ぬと、魂が船で他界へと赴く様子を実際の葬送儀礼の場で表現するために、船に遺体を乗せて、他界と仮定された古墳へと牽引していったのであろう。それが古墳時代の葬列だったのである。

大王や首長の魂が、道に迷うことなく確実に他界へと赴き、古墳の入口（造出付近）で船を降り（船形埴輪【写真3・4】）、禊《みそ》ぎをし（導水施設のつく囲形埴輪《かこいがた》【写真5】）、岩山を登って頂上にある他界の屋敷に至り、そこで安寧に永遠の命を生きる。そのことが、残された人々にとっては、自分たちが安寧に日々の生活を送り繁栄するのに必要なことと観念されていたのであろう。死者の冥福を祈るという人類共通の願いの古墳時代的な表現が古墳だったのである。

しかし、だれもが古墳に埋葬されたわけではない。首長と民衆との間には古墳を造るか造らないかの大きな格差があり、古墳を造る首長相互のあいだにも明確な序列があった。

血縁や婚姻による同族的な人々の結びつきが社会の結合原理の中心をなしていた時代であったればこそ、造墓をはじめとする首長霊（祖霊）の扱い方が、何よりも重要な位置を占めたのであろう。王権による現実的な首長への政治支配の進行は、その祖霊の統合・序列化とも密接不可分に結びついて進んだものと思われる。

おわりに

以上、古墳文化の研究は私たちに多くのことを教えてくれる。今回、世界遺産に登録を希望している百舌鳥・古市古墳群はそうした古墳数十万基の代表なのであり、地域住民はじめ日本国民の誇りでもある。ぜひ、希望がかなえられることを祈願したい。

［註1］槨（かく）は、墓室内部の棺を保護する施設のこと。

［註2］葺石（ふきいし）は、古墳の墳丘の斜面などに河原石や礫石を積んだり、貼りつけるようにして覆ったもの。

［註3］五世紀後半の武人。雄略天皇九年に新羅遠征の命をうけて出陣したが、陣中で病死した。

［註4］「杖刀人」は、埼玉県稲荷山古墳出土の鉄剣銘にある語句。「典曹人」は、熊本県江田船山古墳から出土した鉄剣銘文に刻まれていた語句である。

百舌鳥・古市古墳群の価値付けと評価基準をめぐって

西村幸夫

本論においては、百舌鳥・古市古墳群の価値を世界文化遺産の評価基準（一般にクライテリアと称されている）に照らし合わせてみた時に、どのような判断ができるのかについて論じることとする。

もとより筆者は考古学の専門家でもなければ日本古代史の専門家でもない。世界遺産の申請物件の作成や評価に関して若干の経験を有しているに過ぎない。したがって、本章における議論は、これまでに大阪府・堺市・藤井寺市・羽曳野市の一府三市を中心になされてきた専門家や行政関係者の議論の積み上げをもととし、これを世界文化遺産の評価基準という側面から読み解くとしたら、どのような議論が可能かを考察するにとどめるものである。

ただし、世界文化遺産の評価基準にあてはめて議論をしていく際に、本資産に関してどのような価値付けの物語が構築できるかを問うことは避けて通れないので、その範囲において、百

にしむらゆきお
一九五二年、福岡市生まれ。東京大学教授、東京大学副学長。アジア工科大学助教授、MIT客員研究員、コロンビア大学客員研究員、フランス国立社会科学高等研究院客員教授なども歴任。専門は都市計画、都市景観計画。『西村幸夫　風景論ノート』『都市保全計画』（東大出版会）など著書多数。

舌鳥・古市古墳群の価値付けの論理構築に関しても触れることにする。その際の立論のベースには、これまで地元で積み重ねられてきた議論の蓄積がある。これらの成果に敬意を表するとともに、そうした豊饒な議論の成果を本論に盛り込んでいることをあらかじめお断りしておきたい。

世界文化遺産の六つの評価基準

周知のように世界遺産に登録されるためには、当該資産に顕著で普遍的な価値（一般にアウトスタンディング・ユニバーサル・バリューの頭文字から、ＯＵＶと称されている）がなければならないとされるが、そのためには一〇の評価基準のいずれかに合致しなければならないことが世界遺産条約履行のための作業指針（一般にオペレーショナル・ガイドラインと称されている）に明記されている（段落七七）。

それらの評価基準は表1に挙げるものである。

これらの評価基準はかつては、（ⅰ）から（ⅵ）までが世界文化遺産の評価基準（ⅰ）から（ⅵ）とされていたもので、他方、現行の評価基準の（ⅶ）から（ⅹ）までが世界自然遺産の評価基準（ⅰ）から（ⅳ）までとされていたものが、二〇〇五年に統合されて、世界遺産全体に対する一つの連続した評価基準としてまとめ直されたものである。

(i)	人間の創造的才能を表す傑作である。
(ii)	建築、科学技術、記念碑、都市計画、景観設計の発展に重要な影響を与えた、ある期間にわたる価値観の交流又はある文化圏内での価値観の交流を示すものである。
(iii)	現存するか消滅しているかにかかわらず、ある文化的伝統又は文明の存在を伝承する物証として無二の存在（少なくとも希有な存在）である。
(iv)	歴史上の重要な段階を物語る建築物、その集合体、科学技術の集合体、あるいは景観を代表する顕著な見本である。
(v)	あるひとつの文化（または複数の文化）を特徴づけるような伝統的居住形態若しくは陸上・海上の土地利用形態を代表する顕著な見本である。又は、人類と環境とのふれあいを代表する顕著な見本である（特に不可逆的な変化によりその存続が危ぶまれているもの）。
(vi)	顕著な普遍的価値を有する出来事（行事）、生きた伝統、思想、信仰、芸術的作品、あるいは文学的作品と直接又は実質的関連がある（この基準は他の基準とあわせて用いられることが望ましい）。
(vii)	最上級の自然現象、又は、類まれな自然美・美的価値を有する地域を包含する。
(viii)	生命進化の記録や、地形形成における重要な進行中の地質学的過程、あるいは重要な地形学的又は自然地理学的特徴といった、地球の歴史の主要な段階を代表する顕著な見本である。
(ix)	陸上・淡水域・沿岸・海洋の生態系や動植物群集の進化、発展において、重要な進行中の生態学的過程又は生物学的過程を代表する顕著な見本である。
(x)	学術上又は保全上顕著な普遍的価値を有する絶滅のおそれのある種の生息地など、生物多様性の生息域内保全にとって最も重要な自然の生息地を包含する。

表1：世界遺産の評価基準

したがって原理上は世界文化遺産も現在の評価基準の（ⅶ）から（ⅹ）までのいずれかを用いても登録申請は可能ではあるが、基準の内容から推して、いずれの評価基準も文化遺産には援用しがたいと言える。唯一考えられるのは、評価基準（ⅶ）の「類まれな自然美・美的価値を有する地域」という部分で、これは美しさの判断基準はその地域の文化的規範のあり方によるので文化の範疇に入る、と主張することも不可能ではない。ただし、二〇一二年現在まで、この評価基準（ⅶ）を世界文化遺産で認められた例はない。

よって現実的には評価基準（ⅰ）から（ⅵ）のうち、いずれかに当てはまるような論理を構築することができるか、ということを検討することになる。

この六つの評価基準をそれらが単独で適用されているアジア（中東を除く）の世界遺産の例をもとに例示・要約すると、以下のようになる。

評価基準（ⅰ）は、単体のモニュメントとしては、タージ・マハル（インド、一九八三年、【写真1】）とプレア・ヴィヘア寺院（カンボジア、二〇〇八年）の二件のみで、他はすべて他の評価基準と併用されている。

評価基準（ⅱ）の言う「価値観の交流」という表現はわかりにくいが、これは元来は文化の影響を示すという評価基準であったものが、「影響」という用語が一方通行の印象に限られてしまうので、これを双方向もイメージできる「交流」と言い改めたものである。この評価基準も他の基準とともに用いられることが通例であり、アジアにおいても単独で用いられている例は、イスファハンのジャーメ・モスク（イラン、二〇一二年）のみである。植民地時代の資産の例として、インドの山岳鉄道群（インド、一九九九年、二〇〇五年、二〇〇八年）、チャトラパネール・シヴァージー・ターミナス駅（旧ヴィクトリア・ターミナス）（インド、二〇〇四年、【写真2】）などがある。これらインドの二事例は評価基準（ⅱ）のほかいずれも評価基準（ⅳ）が用いられている。植民地の文化が一つの典型として開花したことを評価しているのである。

評価基準（ⅲ）は考古遺跡に対して用いられることが多く、アジアでは、タッターの文化財（パキスタン、一九八一年）、アーグラ城塞（インド、一九八三年）、バン・チアンの古代遺跡（タイ、一九九二年）、ゴブスタンのロック・アートと文化的景観（アゼルバイジャン、二〇〇七年）、モンゴル・アルタイ山系の岩絵群（モンゴル、二〇一一年）の五件が評価基準（ⅲ）単独で登録されている。

評価基準（ⅳ）は、典型としての「見本」であることが要件となっているが、ある一つの建築様式を体現している単体としての建築物（例えば、姫路城〔一九九三年、（ⅰ）と（ⅳ）によって登録〕）から集落（例えば、ゴール旧市街とその要塞群〔スリランカ、一九八八年〕）まで幅広い。また、この評価基準（ⅳ）も他の基準と併用されることがほとんどである。

評価基準（ⅴ）は、土地利用の形態そのものを評価するもので、他の評価基準と比べて適用例が少ないうえ、単独で用いられる例はまれである。主として歴史都市や旧市街地に対して用いられる。ルアン・パバンの町（ラオス、一九九五年、（ⅴ）のほか（ⅱ）と（ⅳ））、麗江旧市街（中国、一九九七年、（ⅴ）のほか（ⅱ）と（ⅳ）、【写真3】）、古都ホイアン（ベトナム、一九九九年、（ⅴ）のほか（ⅱ）、【写真4】）安徽南部の古村落―西逓・宏村（中国、二〇〇〇年、（ⅴ）のほか（ⅲ）と（ⅳ）、【写真5】）などがある。日本ではこの基準は白川郷・五箇山の合掌

写真1：ムガル帝国第5代皇帝、1631年に死去した愛妃のため建設した総大理石の墓廟、タージ・マハル（インド）©Yukio Nishimura

写真2：ヴィクトリア朝のゴシック・リヴァイヴァル建築とインドの伝統的建築が融合した、チャトラパネール・シヴァージー・ターミナス駅（旧ヴィクトリア・ターミナス）（インド）

写真3：ナシ族独自の町並みが残る麗江旧市街（中国）©Yukio Nishimura

写真4：かつての国際交易都市の面影を伝える古い港町、ホイアン（ベトナム）

写真5：明・清代の古民家が残る安徽南部の古村落、西逓・宏村（中国）

写真6：合掌造りの集落が美しい白川郷（岐阜県）

写真7：世界の銀の3分の1を産出した日本の最盛期の記憶を伝える石見銀山の町並み（島根県）

写真8：原子爆弾の惨禍を今に伝える原爆ドーム（広島県）

法隆寺地域の仏教建造物	1993年	(i), (ii), (iv), (vi)
姫路城	1993年	(i), (iv)
古都京都の文化財	1994年	(ii), (iv)
白川郷・五箇山の合掌造り集落	1994年	(iv), (v)
原爆ドーム	1996年	(vi)
厳島神社	1996年	(i), (ii), (iv), (vi)
古都奈良の文化財	1998年	(ii), (iii), (iv), (vi)
日光の社寺	1999年	(i), (iv), (vi)
琉球王国のグスク及び関連遺産群	2000年	(ii), (iii), (vi)
紀伊山地の霊場と参詣道	2004年	(ii), (iii), (iv), (vi)
石見銀山遺跡とその文化的景観	2007年	(ii), (iii), (v)
平泉-仏国土(浄土)を表す建築・庭園及び考古学的遺跡群	2011年	(ii), (vi)

表2：日本の世界文化遺産とその評価基準

造り集落群（一九九五年、（ⅴ）のほか（ⅳ）、【写真6】）と石見銀山とその文化的景観（二〇〇七年、（ⅴ）のほか（ⅱ）と（ⅲ）、【写真7】）に用いられているのみである。

評価基準（ⅵ）は、建造物や建造物群のものとしての価値以外に、その土地が連想させるものの価値を評価するというやや変則的な評価の基準を内在させており、これを単独で用いている例はアジアでは、原爆ドーム（一九九六年、【写真8】）のみであり、世界でもこのほかにはランス・オ・メドー国定史跡（カナダ、一九七八年）、アウシュヴィッツ・ビルケナウ　ナチスドイツの強制絶滅収容所［1940–1945］（ポーランド、一九七九年）、アプラヴァシ・ガート（モーリシャス、二〇〇六年）があるのみである。

なお、世界遺産リストに搭載されている日本の資産を評価基準とともに挙げると表2のようになる。日本においても評価基準を単独で用いる例は原爆ドームのみであり、それ以外はすべて複数の評価基準を用いていることがわかる。

また、例えば京都と奈良を比較すると、評価基準（ⅱ）と（ⅳ）は共通しているものの、奈良には京都にはない評価基準（ⅲ）と（ⅵ）が適用されているのに気づく。奈良には平城宮という考古遺跡があり、これが（ⅲ）に相当するということは明らかであるが、なぜ同じような宗教建築が列挙されている二都において、片方では（ⅵ）を適用し、もう一方では（ⅵ）を適用しないのかはなかなか説明できない。

これはもともと日本側が奈良を世界文化遺産として申請した際には評価基準（ⅵ）は提案していなかったが、登録の可否を論じる世界遺産委員会の場での議論のなかで他国の委員から提案され、委員会の承諾が得られて新たな価値基準として加えられたものである。

このように評価基準の判断には一貫性を欠く部分があり、論理的な議論を国内で詰めるだけでは、必ずしも国際社会の理解を得るに至らない場合もある。また、このことはさまざまなステージにおいて、それぞれに説得力と奥行きのある議論をどのように提起していくかということにも関わっている。とりわけ、海外の専門家の視点で見た時の資産の「顕著で普遍的な価値」の評価や、それを評価基準へ落とし込む論理構築がいかに国際的に説得力のあるものとなるかという観点からの検討が欠かせないのである。

百舌鳥・古市古墳群の評価基準はこれまでどうとらえられてきたか

これまでの百舌鳥・古市古墳群の議論の中で、本資産の評価基準はおおむね（ⅱ）と（ⅲ）と（ⅳ）のいずれかを提案することになるとされてきた。①二〇〇七年度の一府三市による世界遺産暫定一覧表記載資産候補提案書、および②二〇一〇年に文化庁が百舌鳥・古市古墳群を日本の暫定一覧表に掲載するにあたって発表したコメント、③二〇一二年一月の百舌鳥・古市古墳群世界文化遺産登録推進国際シンポジウム報告書、そして④二〇一二年一二月に開催された、第二回国際シンポジウム報告書の四つの記録文書に残されたこれまでの議論を振り返ると、以下のようになる。

まず、評価基準（ⅱ）について。

二〇〇七年度の①（一府三市による世界遺産暫定一覧表記載資産候補提案書）では、

「百舌鳥・古市古墳群における巨大古墳の墳丘形態は列島各地の古墳のモデルとなった。また副葬品、埴輪等も広く影響を与えており、本資産は、日本の古墳文化の交流の中心であった。さらにアジアレベルでの相互交流があったことは、中国製の金銅製の装身具や馬具、ペルシャのガラス器などに加え、朝鮮半島を通じて導入された製作技術による多量の刀剣や甲冑類からも明白である。」

と述べ、日本国内という一つの文化圏における古墳文化という価値観の交流を主張していると同時に、騎馬文化の受容という文化圏間の交流を示している点も強調しているのである。

これに対して、②の二〇一〇年に文化庁が百舌鳥・古市古墳群を日本の暫定一覧表に掲載するにあたって発表したコメントには、

「三世紀後半～六世紀末の古墳時代のうち、四世紀後半から六世紀前半に日本の各地において造営された数多の古墳群は、百舌鳥・古市古墳群を模範として築造された。百舌鳥・古市古墳群は、この時代の日本列島に通有の古墳造営に関わる規範が形成される上で重要な基礎を成した。

したがって、百舌鳥・古市古墳群は、この時代の日本列島における首長層の古墳造営に係る価値観の交流を示している。」

と論じ、よりオペレーショナル・ガイドラインの表現に近い形で評価基準（ⅱ）の適合性について述べている。

ただしここでは古墳文化というあいまいな表現で当時の文化状況を一括するのではなく、古墳文化の核心である古墳造営に関わる規範が日本のほぼ全域において首長層に受け入れられて

いたことを指摘し、これを評価基準（ⅱ）が言うところの、「ある文化圏内での価値観の交流」であると主張しているのである。文化庁のコメントでは文化圏間の交流には言及していない。

③（二〇一二年一月）の普遍的価値の証明においては、

「現状では、評価基準（ⅱ）には当てはまらないとの意見が大勢を占めている。」

と述べ、（ⅱ）を適用することを差し控えている。

④（二〇一二年一二月）では、③の議論以降に評価基準（ⅱ）を積極的に用いることも考えるべしという意見が見られたこともあって、再度評価基準（ⅱ）の整理をおこなっている。それによると、中心的なテーマは「造墓における巨大化傾向や来世観などの古代中国の価値観が波紋状に緩やかに東アジア圏に広が」ることであり、「巨大前方後円墳の存在とともに、百舌鳥・古市古墳群には王の墓群形成における倭風化された価値観が端的に表れている」と述べている。

評価基準（ⅲ）についての議論

次に評価基準（ⅲ）については以下のようになっている。

先に挙げた①（二〇〇七年）では、

「古墳文化は巨大な墳墓である古墳の築造によって特徴付けられる。特に百舌鳥・古市古墳群は古墳の巨大化の頂点にあたるものであり、日本列島にかつて独自の文化が存在したことを示す顕著な物証である。」

と述べ、ここでも古墳文化といった一つの文化的伝統の物証としての巨大古墳を取り上げている。ただ、古墳文化の精髄が巨大古墳の築造にある、といった表現はトートロジーに陥りかねず、そうした古墳文化とは何か、古墳巨大化の契機は何かなどという論理の掘り下げが必要となってくることは想像に難くない。

一方で、②（二〇一〇年）においては、

「四世紀後半～六世紀前半の百舌鳥・古市古墳群は、古墳の巨大化の頂点に位置し、巨大古墳の周囲に中小の多様な古墳を配置することによって政治的・社会的支配の実態を反映する独特の文化的伝統がこの時代の日本列島に存在したことを明示している。したがって、百舌鳥・古市古墳群は、この時代の古墳造営に関わる独特の文化的伝統の類い希なる物証である。」

と要約している。巨大古墳のみならず多数の陪塚を有する古墳の分布そのものが、ある一定の支配の姿を反映しており、これらを含めた古墳群の全体象がひとつの文化的伝統を示す物証であると論じているのである。

③（二〇一二年一月）では、

「古墳時代中期の百舌鳥・古市古墳群は、日本列島の古墳群の中でも大型前方後円墳を中心としており、その周囲には大型前方後円墳の被葬者と関連性が認められる中小の多様な墳形・規模の古墳を配置することによって、政治的・経済的支配の実態を反映する独特の文化的伝統が日本列島に存在した類稀なる物証である。」

として、②をさらに洗練された表現にしている。

最後の④（二〇一二年一二月）では、こうした全体を「古墳文化」と呼び、「古代倭の特異な古墳文化」が花咲いた物証として百舌鳥・古市古墳群をとらえようとしている。具体的には、「墓造りを通じて被葬者の権力と権威を同時に表す仕組みを、倭は作り上げ、古代国家形成の足掛かりとした。四世紀後葉から約一〇〇年にわたって倭の王家の墓群であった百舌鳥・古市古墳群は、最盛期の古墳文化を凝縮させた姿を現在にまで伝える希有な事例である。」として、古墳文化はたんに古墳造営の方法に関する文化であることにとどまらず、国家形成の方法に関わる文化であると論じているのである。

評価基準（ⅳ）についての議論

最後に評価基準（ⅳ）について見る。

①（二〇〇七年）では

「百舌鳥・古市古墳群は、大規模な労働力の集中によって成し遂げられた記念碑的構築物であり、前方後円墳をはじめとする独特な墳墓形態とその築造技術は、日本列島で独自の発展をみたものである。百舌鳥・古市古墳群にある巨大古墳の設計プランを基に造られた前方後円墳が遠く九州や中国地方などにも存在するなど、それらのことを可能とする高度な土木技術も相まって、日本独自の古墳文化が花開いたものである。」

としている。前方後円墳という日本独特の墳墓形態に着目し、これがひろく日本全国に拡がっていったこと（北海道と沖縄を除く）に、建造物のひとつの類型とその顕著な見本がここにあると主張しているのである。

一方で、②（二〇一〇年）においては、

「百舌鳥・古市古墳群は、三世紀後半～六世紀末の日本の国家形成過程における首長層の政治権力を背景として、大規模な労働力の集積によって形成された巨大記念工作物である。それは、世界最大の面積を誇る仁徳天皇陵古墳のみならず、複数の巨大前方後円墳、円墳、方墳など多様な規模・形態・意匠を持つ一群の古墳を含む。

したがって、百舌鳥・古市古墳群は、三世紀後半～六世紀末における日本の政治・社会構造を反映する古墳群の中でも傑出した存在であり、典型的・代表的な事例である。」

としている。

古墳が巨大な記念工作物であることを強調するだけでなく、多様な陪塚を持つ形式そのものを評価し、そこに当時の政治・社会構造の反映を見ようという点が①とは異なっている。

いずれにしても大きく見ると、表現としては評価基準（ⅲ）の組み立てと類似している。（ⅲ）では古墳のスタイルそのものに代表的に見られるような文化的伝統の物証としているのに対して、（ⅳ）では、巨大前方後円墳に代表されるような特徴的な事例の顕著な見本としての価値を述べているのである。強調する部分が若干異なってはいるものの、両者の論理を区別することは難しいと言わざるを得ない。

以上のように暫定一覧表改訂に際しての議論においては、百舌鳥・古市古墳群に適用すべき評価基準に関しては、必ずしも明快な整理がなされたとは言えない状況であったと言うことができる。

他方、③（二〇一二年一月）においては、以下のような長大な説明が付されており、②の論点に加えて、初期国家形成における典型例としての古墳群を強調している。すなわち、

「古墳時代中期の百舌鳥・古市古墳群は、日本の国家形成過程において、首長層の権力を古墳の墳形・規模によって表す古墳時代のなかで、世界最大の面積を誇る仁徳天皇陵古墳のみならず、複数の大型前方後円墳、円墳、方墳など多様な規模・形態・意匠をもつ古墳を含み、群を形成している。その群構造のあり方は、前方後円墳の周囲に中小規模の多様な形態の古墳を配置することを基本とし、日本の政治・社会構造を反映したものであり、日本の古墳群の中でも傑出した存在であり、典型的・代表的事例である。また、膨大な労働力と時間を費やした墳墓造営に政治・社会構造を反映する国家形成のあり方は、初期国家形成過程においてきわめて特異である。」

ここではっきりと初期国家形成を跡づける遺産という新しい視点が提起されている。ただし、この問題は、ではこの時代の統治機構は国家と言えるのか、といった基本的な問題を新たに提起することにもなる。

④（二〇一二年一二月）においても③と同様の論点が踏襲されており、「古代国家形成過程の政治・社会状況を墓制から示した、顕著な見本である」という端的な結論が付されている。

百舌鳥・古市古墳群の価値をどうとらえ、どのような評価基準をあてはめるか

その後、さらに議論が深められ、本書第一章の白石太一郎氏の論考にあるような視点が次第に共通認識化しつつある。それを本論がテーマとしている評価基準との関連で言うと以下のようになる。

一つは、この問題を東アジア史前代の中で見ることから得られる視点である。つまり、白石氏も言うように、百舌鳥・古市古墳群が、倭国が東アジアの高度な文明を本格的に受容し始める時期の遺跡であるということである。北方騎馬民族である鮮卑の南下に押されて高句麗《コグリヨ》も朝鮮半島へと南下し、そのために百済《ペクチエ》は倭国とともに高句麗と対決しようとした、そのためにも倭国は騎馬文化を受容する必要があった。そしてそれを成し遂げたのが河内の王権、すなわち百舌鳥・古市古墳群を作り出していった王権だったというのである。

また、古墳文化の終焉が六世紀末というのも、当時中国に久々の統一王朝である隋が出来て、周辺国に脅威を与え始めたことが原因であるという。古墳を造り続けるような旧来型の支配構造からの脱却が迫られたからのようである。

このように見てくると、たしかに古墳を巡る時代は、東アジアの政治史の中で語られることによって初めて、より大きなパースペクティブを得られるということがよくわかる。

ただし、古墳時代がそのように位置づけられるということと、これを古墳という構成資産だけで十分に語り尽くせるのかということは別の問題である。たしかに古墳からの出土品を見ると他の文化圏との交流の事実は明らかである。が、これらはすべて動産であり、物語を語る際

の有力な傍証とはなりえるものの、世界遺産の直接の対象としてのコアゾーンにはならない。問題は古墳そのものでどこまで物語が構築できるか、ということである。

この時代の東アジアの墳墓がどのような状況であったかを検証し、古代中国を核とした墳墓築造の考え方の伝播があったと考えることもできる。大規模な墳丘を持った墓が朝鮮半島に出現するのも日本と同じ三世紀頃だと言われているので、こうした文化の交流もあったと言えるかもしれない。しかし、その証明は難航するだろう。

ここで手がかりになるのは、高句麗古墳群（北朝鮮、二〇〇四年）において評価基準（ⅱ）が用いられ、その中で古墳の埋葬様式が日本にまで影響を与えたということが理由の一つに明記されている点である。

写真9：朝鮮王朝の王墓群の一つ宣陵（韓国）

高句麗古墳群は紀元前三世紀から紀元後七世紀にかけて中国東北部から朝鮮半島に栄えた高句麗の遺跡であり、平壌周辺の六三基が北朝鮮の世界文化遺産として登録されている。高句麗古墳は華麗な装飾古墳が多いことで有名であり、高松塚古墳の壁画と類似した壁画があることなどが知られている。したがって、ここで言う古墳の埋葬様式が壁画の類似性を述べているのか、それとも古墳の様式そのものを指しているのかユネスコの資料では明らかではないが、いずれにしても評価基準（ii）が用いられていることは事実である。

また、同時に世界遺産に登録された、中国の「古代高句麗王国の首都と古墳群」（二〇〇四年）においても評価基準（ii）が用いられているが、これは、四〇基ある古墳の中にある壁画の様式や石碑の文字表現などに中国文化の影響が見られる点を挙げている。

なお、韓国の「朝鮮王朝の王墓群」（二〇〇九年、【写真9】）においては評価基準（ii）は用いられていない。

「古墳文化」のひろがりをどのように切り取るべきか

第二に指摘できるのは、先にも述べたように、日本における統治システムの初期段階の姿を古墳の存在と分布が表しているという点である。

河内や和泉などの地域だけを見るのではなく、日本全体における古墳の分布を見てみると、同じような様式の古墳が日本の至る所に築造されているのみならず、古墳の規模に関しても、巨大なものは大阪平野に集中しているものの、必ずしもそこばかりではなく、日本の各地に比較的大きな古墳が分布していることである。各地で古墳が群をなして形成されるのも古墳時代中期以降の特色のようで、このことは当時の統治が首長連合のような政治体制を取っていたことに起因すると言われている。

だとすれば、古墳の分布の在り方そのものに、ある文化的伝統を伝承する物証としての無二の存在であるという評価基準（ⅲ）を満たすことができるのではないか、という主張がありうる。たしかに説得力のある考え方ではあるが、そうであればなぜ広範な古墳の分布のうちの百舌鳥・古市の古墳群に絞って提案するのかという点は、どのように説明したらいいのであろうか。ましてや「古墳文化」という文化のあり方全体をテーマとするのであれば、そのひろがりをどのように切り取るのか、は重要な問題となるだろう。

その回答として、現時点での推薦書原案では、百舌鳥・古市古墳群こそこの時代の巨大古墳による社会統治の状況を典型的に象徴した古墳群の代表である、という論理を立てようとしている。百舌鳥・古市古墳群には日本の第一位から第三位までの規模を誇る古墳が集中しているだけでなく、時代的にも、いわゆる「古墳文化」の最盛期を示す遺跡群であるということを示そうとしているのである。

第三に、評価基準（ⅳ）に関しては、日本固有の墳形である前方後円墳の存在を統治の共通のシンボルとして位置づけるというユニークな統治のあり方を一つの典型として位置づけるというものである。

ただし、この論理をすすめると、前方後円墳という古墳の様式自体に価値があるという議論に行き着きかねないが、そうすると例えば前方後円墳の祖型とも言うべき最初期の事例、大和の箸墓古墳（三世紀半ば、墳長二八〇メートル）が抜けているのが気にかかる。

現時点の到達点としては、④（二〇一二年一二月）に示されているように、前方後円墳は古代国家形成の典型的な象徴ではあるものの、前方後円墳というスタイルにのみ議論を集中させるのではなく、こうしたスタイルの統治の時代における倭の王家の墓群であるという点に議論を集約しようとしているようである。

なお、北朝鮮と中国の高句麗古墳、韓国の朝鮮王朝の王墓群のいずれも評価基準（iii）と（iv）を用いている。

さらなる議論のために

最後に、これまでにあまり触れられていない新しい議論の芽を紹介したい。

一つは、古墳が造られなくなって以降の歴史にも光を当てるということである。七世紀末から現在に至るまで、巨大古墳の多くはあるいは祭祀の対象となり、あるいは陵墓に治定され、今日まで信仰と記憶とが継続してきた。一〇〇〇年以上の永きにわたりこうした心情が生き続けてきたこと、祭祀も継続してきたことは世界的にもまれなことであり、評価基準の（vi）に該当するのではないかという議論である。

一四〇八年から一九六六年の王墓まで、合計四〇基を取り上げている朝鮮王朝の王墓群においても、現在も王家の子孫によって毎年の祭祀が執り行われていることが価値の一端を成しているとの主張から、評価基準（vi）が認められている。

さらには古墳への埋葬方法が当時の他界観を示す貴重な情報として評価できるのではないかという議論、さらには古墳の周囲を巡る濠の水の存在が東アジアでは類例がなく、水の利用とも相まって、周辺環境との新しい関係まで見据えた新しい評価軸が見いだせないかといった議論である。

これらの議論はまだ萌芽段階であり、顕著で普遍的な価値を巡る物語の作り方そのものが適用すべき評価基準の選択とも密接に関わっている。両者を分けて議論することが難しいという事実は変わらないのである。

第二章　座談会

「現代と古墳との接点を探る——百舌鳥・古市古墳群の世界遺産登録をめぐって」

五十嵐敬喜（法政大学法学部教授）
岩槻邦男（兵庫県立人と自然の博物館館長）
白石太一郎（大阪府立近つ飛鳥博物館館長）
西村幸夫（東京大学大学院工学系研究科都市工学専攻教授）
松浦晃一郎（ユネスコ前事務局長）

なぜ百舌鳥・古市古墳群を世界遺産に登録するのか

西村　大阪府の堺市、羽曳野市、藤井寺市にまたがる百舌鳥・古市古墳群が、世界遺産登録を目指して活動しています。よく知られているように、古墳は北は青森から南は九州まで日本全国各地にあります。畿内に大規模な古墳が集中していることは確かですが、それ以外の地域にも大きな墳丘墓、古墳があるのもまた事実です。そのなかで、なぜ百舌鳥・古市古墳群を世界遺産に登録するのか、そのことから議論したいと思います。

白石先生は考古学の専門家として、百舌鳥・古市古墳群の意味をどう考えていますか。

白石　細かくは第一章の私の原稿（二五ページ）に書きましたが、第二次大戦後の考古学研究の進展の結果、現在、古墳時代については、大和や河内の大首長を中心にした日本列島各地の首長たちの首長連合というか、各地の政治勢力が政治的な連合を形成していた時代と理解されるようになってきました。これを古代史では「ヤマト政権」と呼んでいます。そして、古墳はそのヤマト政権の政治秩序、支配秩序、身分秩序と密接な関係をもって造られたらしい。簡単に言えば、ヤマト政権のなかで最も身分の高い地位を占める盟主、後に大王、天皇と呼ばれることになる連合の盟主が最大級の古墳を造り、それに次いで有力な吉備氏などの首長がそれに次ぐ規模の古墳を造りました（造山古墳、作山古墳）。

　畿内地域の大規模な古墳を年代的に整理してみると、巨大前方後円墳は三世紀半ば過ぎから六世紀の終わりごろまで継続して造られています。そして、それぞれの時期に他の古墳から隔絶して大規模な古墳があることがわかります。例えば、最も古い段階では奈良県桜井市の三輪山麓に三世紀中葉ごろの箸墓《はしはか》古墳があります。それに続く時期の、おそらく大王墓と想定されるヤマト政権の盟主の墓は、ほとんど大和、奈良盆地にあることも明らかになっています。

　ところが、四世紀の終わりから五世紀になると、大和にも大きな古墳は営まれますが、それよりももっと大きな古墳が大阪平野、河内や和泉に現れます。これがすなわち古市古墳群や百舌鳥古墳群です。現在、百舌鳥・古市古墳群には八七基の古墳がありますが、一番大きい百舌鳥の仁徳天皇陵と古市の応神天皇陵を筆頭に、墳丘の長さが二〇〇メートルを超える巨大前方後円墳群が一〇基あります。四世紀の終わりから五世紀代の大王墓と想定される古墳は、ほとんど百舌鳥・古市古墳群にあることは間違いありません。

にしむら ゆきお
一九五二年、福岡市生まれ。東京大学教授、東京大学副学長。日本イコモス国内委員会委員長、文化庁文化審議会委員、同世界遺産特別委員会委員長。専門は都市計画、都市保全計画、都市景観計画。『西村幸夫　風景論ノート』『都市保全計画』（東大出版会）など著書多数。

問題は、古い段階の大王墓はすべて大和にあったのに、ある時期から河内の古市や和泉の百舌鳥に現れることはどういう意味をもつのか、ということです。

日本書紀などの文献を参考にしても、古墳は基本的に被葬者の本拠地に造るのが原則だったと考えられますから、大王墓が大阪平野に造られるようになった四世紀終わり以降は、大阪平野南部の南河内や和泉北部の勢力が大王の地位についた結果と思われます。つまり、大阪平野の河内・和泉の勢力が大王権を掌握したと考えられるわけです。

ただし、この時代は首長連合・政治連合の時代で、盟主権は交替しうるものであって、それは王朝の交替などではなく、首長連合の本質からくるものにほかならないと、私は考えています。それは、百舌鳥・古市古墳群から、大和の王墓には見られなかった馬具が出てくることからもわかります。

四世紀後半になると朝鮮半島では高句麗が南下してきますが、国家存亡の危機を迎えた百済に誘われて、倭国も朝鮮半島に出兵するようになります。こうした東アジアの国際情勢の危機に際して、宗教的・呪術的な性格の強かった大和の古い政権では対応できず、それ以前から畿内の政治勢力のなかで外交や交易を担当していた大阪湾岸の和泉や河内の勢力にリーダーシップが移るのは当然ではないかと思います。そしてまたこれを契機に、多くの渡来人が往来し、多くの倭人が海を渡ることによって、倭国も東アジアの文明社会の仲間入りを果たすことになるのです。

ただし、そうした馬具は地方の古墳からも出土していますから、各地にある古墳全体を見てはじめて倭国の文明化や初期の国家の在り方が見えてくるというのは、そのとおりだと思いま

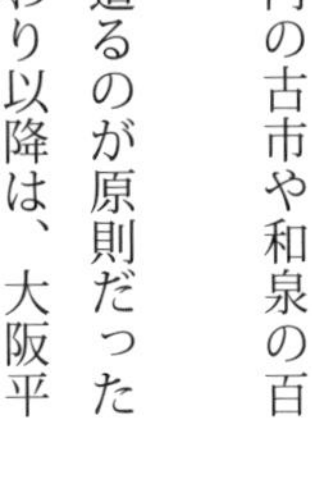

しらいし たいちろう
一九三八年、大阪府生まれ。考古学者。大阪府立近つ飛鳥博物館館長。国立歴史民俗博物館名誉教授。日本の古代国家・古代文化形成過程の解明を専門として、百舌鳥・古市古墳群世界文化遺産登録有識者会議委員（専門部会委員）もつとめる。

す。しかしながら、日本国中の古墳をすべて世界遺産にするのは難しい。日本の古墳を代表するもの、象徴するものとして、百舌鳥・古市古墳群を世界遺産にする意義があると考えています。古墳が最も発達する時期のものであり、また、日本で一番目、二番目、三番目の規模をもつ古墳が全てこの両古墳群にあるわけですから、これが代表的なものであることについては異論はないと思います。

前方後円墳は日本独自のものか？

西村　前方後円墳という古墳のスタイルは朝鮮半島にもありますね。それは日本の影響で造られたのではないかという意見がありますが、日本固有の前方後円墳であるという視点を出すのであれば、前方後円墳の初期から最後までを並べたほうが、全体像が見えると思いますが、どうでしょうか？

松浦　私もそこは大切だと思います。「ある文化伝統又は文明の存在を伝承する物証として無二の存在」（世界遺産評価基準［ⅲ］）があることが世界遺産の一つの条件です。日本がこれを言うと、韓国や中国から「我国にも同じ時代の似たようなところがある」と言われることがあります。だから、世界史的にみて、あるいは東アジアの歴史のなかでほかの国にはなく、まず日本で独自に発達したことを証明できないと説得できません。例えば、京都にはこの項目は適応されませんでしたが、奈良と琉球では適応されています。

まつうらこういちろう　一九三七年、山口県生まれ。六一年、米国ハヴァフォード大学経済学部卒。外務省入省後、経済協力局長、北米局長、外務審議官を経て九四年より駐仏大使。九九年よりユネスコ事務局長を務める。著書に『ユネスコ事務局長奮闘記』『世界遺産―ユネスコ事務局長は訴える』（講談社）など。

白石　三〇年ほど前から韓国にも日本と同じような前方後円墳があることが明らかになりました。それは韓国西南部の全羅南道《チョルラナムド》を中心に分布しており、日本の古墳と共通した埴輪を持っていますし、埋葬施設にも同じようなものがあります。ただ、韓国の前方後円墳は全て五世紀後半から六世紀の初めくらいのもので、明らかに日本の影響が及んだものです。

また、弥生時代の後期には、日本各地の有力な首長たちはある程度の規模をもったいろいろな形の墳丘墓を造っていて、そのなかに墳丘の周りにめぐらした溝の外から墳丘へ渡る通路を持つものがあります。その通路が次第に発達して前方部状になり、前方後円形や前方後方形の墳丘が形成されていったことが跡付けられています。前方後円墳にしても前方後方墳にしても、その形成過程は弥生時代後半の墳丘墓の在り方から説明できる。したがって、日本独自のものであるということは考古学的に論証できます。

岩槻　溝というのは排水のためですか？

白石　墳丘を盛り上げる土を採った跡を、墳丘を外部から区画する溝としたものから始まるのだと思います。百舌鳥・古市古墳群の大型前方後円墳に見られるような、水を満々とたたえた濠を持った墳墓はきわめて珍しい。東アジアでは中国にも朝鮮半島にもありません。水稲稲作の農耕文化を基盤とする倭国の支配者の性格を物語るものと言えると思います。古墳の被葬者である王や首長が死後も豊かな水を保証してくれることを願う、呪術的な役割を期待したものだったのではないでしょうか。

大量の水をたたえた濠を造るのは技術的に大変難しい。専門外ですから詳しいことはわかりませんが、当時の土木技術が相当高度なものであったことは疑いないでしょう。ただし、そう

いわつき くにお
一九三四年、兵庫県生まれ。兵庫県立人と自然の博物館長、東京大学名誉教授。元世界自然遺産候補地に関する検討会座長。京都大学理学部、同大学院で植物分類学を学び、一貫して植物の多様性について研究を行う。日本人の自然観にもとづく地球の持続性の確立に向けて積極的に発言している。九四年日本学士院エジンバラ公賞受賞。二〇〇七年文化功労者。

いった水をたたえた濠を持つ古墳は、巨視的に見れば畿内の大型古墳だけで、他の地方の古墳には空濠はあっても水をたたえるような機能をもった周濠はほとんどありません。百舌鳥・古市などヤマト政権の王墓に特徴的なものと言ってよいでしょう。

五十嵐　それは渡来人たちの技術ですか。

白石　もちろんそれも入っています。七世紀初の狭山池《さやまいけ》の堤では敷葉工法といって、葉のついた木の枝を敷き詰めて土を積み、また樹の枝を積むというように交互に積んでいる。こうすると非常に固くなります。古代の朝鮮半島でもそうした工法の存在が明らかにされています。相当高度な技術があったことは確かです。

同じスタイルをもつ日本の古墳

松浦　さきほどの「ヤマト政権から大阪平野の政権に権力が移る」ということと、百舌鳥・古市古墳群はそういった首長連合の中核をなしていた王権の古墳群であるという説明は、私には説得力があると思います。古墳という不動産だけでは、規模や質の点で百舌鳥・古市古墳群だけがもつ特徴がないのだとすれば、宗教的な性格の強いヤマト政権から交易や外交を担当していた大阪平野の勢力が首長連合のトップになって、その人たちの古墳なのだという政治的なストーリーが立証できれば非常によいと思います。

白石　同じ約束ごとに基づいて各地の首長たちが同じような墓を造っていますから、どの古墳

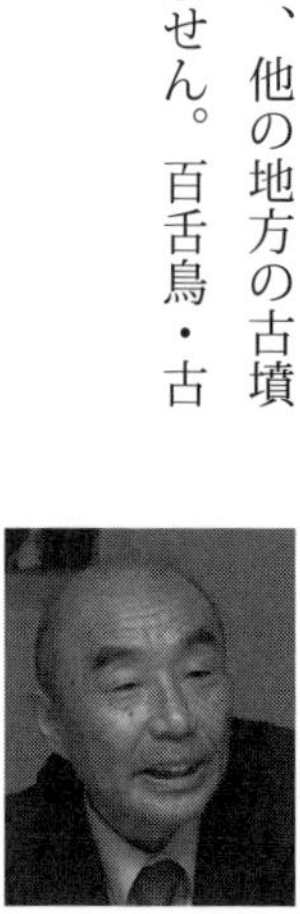

いがらし たかよし
一九四四年、山形県生まれ。弁護士、法政大学法学部教授。専門は都市政策、立法学、公共事業論。「美しい都市」をキーワードに住民本位の都市計画のありかたを提唱。世界遺産についても美の基準、住民参加、まちづくり、市民学、景観などの視点から論考している。

もよく似ています。畿内の大王墓は大規模で副葬品も豊かですが、地方の首長墓も本質は変わらない。それがこの時代の特質です。もっと言えば、本来的には各地の首長たちが一緒に協力してともに造り合うものが古墳であったと言えるのではないかと、私は思っています。

西村　ある時期までは円墳や方墳であった地域に、畿内で生まれた前方後円墳が造られていったということは、ヤマト政権のある種の支配下に入るようなネットワークがつくられていったということですか。その恭順の印というか、文化的な影響が畿内を中心に広がっていったということでしょうか。

白石　それはあっただろうと思います。古墳時代の形状には、前方後円墳、前方後方墳、円墳、方墳があり、数の上では円墳と方墳が圧倒的に多いわけです。しかしながら、大きさの順に並べてみると、一番目から四六番目までは全て前方後円墳で、四七番目に前方後方墳が一基だけあり、また前方後円墳が続く。この時代は、日本列島各地の有力な首長たちはいずれも前方後円墳を造っていました。だから、この時代を前方後円墳時代と呼ぶ研究者もいるくらいです。

首長連合に加わった首長たちは、共通の約束事に基づいて同じような古墳を造ったと考えることができます。ヤマト王権のリーダーシップは時代によって違い、古い段階では首長連合的性格が強く、時代が新しくなるほど畿内王権の権力が強くなっていきます。そして、六世紀になると畿内王権に支配される地方豪族という形がはっきりしてきます。

古墳の方向が示すもの

西村　また、百舌鳥・古市古墳群には、巨大なものから小さなものまで、たくさんの古墳が集中していますが、素人目には方位性があるとは思えません。ここに一つの特色があるという説明の仕方もありうるのではないかと思いますが、いかがでしょう。

白石　それはまさに、この時期に王を出していた集団、最も有力な首長を出した集団の構造を反映しているのだと思います。そこには階層秩序もあるし、非常に複雑なものがあった。それを表しているのだと思います。

西村　逆に言うと、この時代の古墳を切り取ることによって、当時の社会構成が非常に明確にわかることになりますか？

白石　そうですね。当時の王家とそれを支えた集団の構造がわかるはずです。

なお、前方後円墳の方位については、労働力を節約するために、丘陵の尾根を利用し、その方向に合わせて造っています。だから、方位は不揃いです。ただ、畿内の古墳の埋葬施設では死者の頭を北に向けるという原則があります。したがって前方後円墳の軸が南北方向のものだと埋葬施設の主軸はだいたい南北方向です。東西方向の古墳の場合は、北を頭にもってきますから埋葬施設の軸は墳丘の主軸に直行します。まったく方位を意識しなかったわけではありませんが、墳丘そのものはできるだけ自然地形を利用していることは明らかです。

岩槻　その時代から丘陵を上手に使い、埋葬施設の方向には固執したけれど、古墳の方向はどちらを向いてもいいという合理性があったというのは立派ですね。

古墳時代の「国家」を考える

五十嵐　私は法律学が専門ですから、国家という概念について、社会科学的な国家と古墳時代における国家の概念が同じかどうかが気になります。「古墳は日本の初代国家の社会的あるいは政治的な在り方を示す物証である」ということでしたが、社会科学的にいうと、ある統治機構があって国民がいて領土があるのが国家です。古墳時代の盟主もある集落を統治していたのでしょうが、それを集めたものが国家と言えるのかどうか。それとも、幾つもの国家があるということなのか。国家はないけれども集落とある種の統治主体がいるということなのか。ここがよくわからないところです。

これは単なる観念のことではなく、例えば、秦の始皇帝であれば、道路網の整備、宮殿の造成、度量衡や漢字の統一など、いろいろなことを行い、国家あるいは統治の構造というものがはっきり見えています。しかし、古墳時代については、巨大な古墳の造成という大きな権力を使いながら、このような国の形、あるいは社会的なシステムはほとんど見えてきません。

ある説によると、仁徳天皇陵の造成には二千人の労働者を使って約一六年かかるそうですが(四五ページ)、膨大な人を食べさせて権力を行使するわけですから、どこかに都ができてそれなりに身分秩序や職の分担、そして法律とは言わないまでも、何がしかのツールなどがあってしかるべきでしょう。しかし、古墳だけが突出していて、その背景にあるはずの統治のシステムがさっぱり見えてこない。それはどうしてなのでしょうか。

白石　国家は非常に大きな問題です。日本における国家の成立については、五十嵐先生がおっしゃったような考え方が基礎になっていて、七世紀の後半から八世紀の古代律令国家の成立をもって国家の成立と考えるのが一般的です。

ただ、それ以前の東アジア世界では、日本列島に存在した政治的まとまりを「倭国」と呼んでいました。「国」と呼んでいたわけですね。一方、二〇世紀中ごろの文化人類学では、伝統的な進化主義的な学説に対して、新進化主義という考え方が出てきて、社会の発展については、バンド社会から部族社会、首長制社会を経て、プリミティブステイツ（原初国家）に進化したとする考え方が出てきました。つまり、古代帝国のような国家以前にも、プリミティブステイツがあると理解していいのではないかということです。それが二〇世紀後半には、首長制社会をも含んだアーリーステイツ（初期国家）という概念で、初期の政治的なまとまりを説明できないかという考え方が起こってきています。

最近では、日本の考古学でもその影響を受け、日本列島の古墳時代の政治的まとまりは本格的な国家とは言えないけれど、何らかの国家的なまとまりをもったものとして初期国家という概念で捉えられないかという考え方が出てきています。ヤマト王権が各地の人民を直接支配するのではなく、言ってみれば各地にたくさんの地域的な政治的まとまりがあって、その首長たちの連合体がヤマト政権と呼ばれるようなものであって、一種のアーリーステイツと理解していいのではないかというのが最近の研究動向です。

五十嵐　そうすると、日本にはアーリーステイツがいくつもあったということですか？　それともヤマト政権がアーリーステイツのシンボルだということでしょうか。

白石　各地の政治的まとまりの首長たちを総合したものがヤマト政権で、これをアーリーステイツと捉えられないかということです。基本的には畿内の大首長を中心とする首長連合・首長同盟です。ただ、その首長連合のなかで盟主である大王の権力が五世紀以降次第に強大化し、その支配権が直接各地の首長たちの勢力圏内にも及ぶようになり、六世紀以降には大王・天皇を中心とする古代国家へ転進していくことも疑いありません。

ヤマト政権と百舌鳥・古市古墳群

五十嵐　ただ、国家については社会科学的に厳密に定義されていますから、そこが崩れると学問間での交流が難しくなります。統治が国家の基本であるのは世界共通ですし、近代国家の概念は、領土、国民、統治者です。

松浦　緩やかな集合体としての国家でいいのではありませんか。

西村　その一つ前にプレ国家のようなものがあったということですね。

五十嵐　もう一つわからないのは、連合というのは横に結びついている、すなわち様々な人的、物的な、そして何らかの意味でのシステム的な交流や連携があるということでしょうか。

白石　そうです。

五十嵐　前方後円墳が東北から九州まであるということは、東北や九州まで横に結びついているということですか？

白石　その結びつきの中心となったのがヤマト政権です。この中核のヤマト政権と各地の勢力との関係をどう捉えるかは難しいところです。前期と後期の段階では違っていて、後期の段階ではヤマト政権の統制力、権力が非常に大きくなっていき、次第に部《べ》やミヤケという直接支配する人民や土地を持つようになり、各地から貢（租税）を取るような形もできあがっていく。しかし前期ではまだそのような段階にはありません。そうした展開過程の間に入る百舌鳥・古市古墳群の時代、すなわち古墳時代中期は大変重要で、興味深い段階であったと思います。

前方後円墳が消えた理由

五十嵐　古墳では葬った人を祀る場所などで様々な儀典が執り行われたと思うのですが、それはどういったものだったのでしょうか。仏教到来以前のこの時代、どのような宗教性や儀式性があったのか大変興味があります。

白石　古墳が墓である以上、その祭祀や宗教性はきわめて重要ですが、祭祀の実態についてはよくわかりません。五世紀の段階では、被葬者に対する祭祀が行われた場所は、前方後円墳ではその造り出しであったと考えられています。五世紀後半以降現れる人物埴輪群像についても葬送儀礼を表現したものとする説もありますが、そうではなく、亡き首長がマツリゴトを行った情景を古墳に再現したものとする説もあります。ただ、不思議なことに、古墳の場で築造後も長く祭祀が続けられたような痕跡は、ほとんど見当たりません。

岩槻　古墳時代以後、前方後円墳は造られないのですか？

白石　前方後円墳は六世紀末から七世紀初頭になると一斉に造られなくなります。畿内地域では六世紀末、関東やそれ以外の地域でも七世紀初頭にはなくなります。これはまさに推古朝の早い段階にあたります。

一斉に消えるわけですから、強力な規制があったとしか考えられない。推古朝の初期に、それまでの前方後円墳造営の背後にある首長連合体制、部族連合体制のようなものと決別して、天皇を中心とする新しい中央集権的な国家体制を目指そうとしたものと思われます。この推古朝の改革を主導したのは、聖徳太子と蘇我馬子であると言われていますが、はっきりとはわかっていません。

ただ、日本の歴史は東アジアとの関係を抜きにしては理解できません。この時期の中国では、それまで南北朝に分かれていた国が二七〇年ぶりに随によって再統一された時期にあたります。随は五八九年に中国統一を果たすと、早くも五九八年には高句麗を攻めます。この中国における統一政権の成立と朝鮮半島への進攻は、朝鮮半島諸国や倭国にとってはきわめて大きな危機です。隋書によれば、西暦六〇〇年に倭国は最初の遣隋使を送っています。これが随の中国統一の衝撃に対する倭国の反応の一端であることは言うまでもないでしょう。この時期、大変な危機意識をもって古い体制と決別しようとしたのではないかと思います。

西村　巨大なお墓を造っている場合ではなかったと（笑）。

古墳の維持・管理は誰が行うのか

五十嵐　古墳には宮内庁の管轄と文部科学省の管轄があって、これをどうすべきかが世界遺産のバッファゾーンとの関係では重要になりますね。墳墓の公開とも関係しますが、バッファゾーンを含めるのであれば、史跡に指定したほうが文科省の管轄もはっきりするし、人的物的な体制も作りやすいと思うのですが、史跡に指定しないと内部は宮内庁だけで管理することになります。すると、公開を含めて古墳群全体をどのように維持管理していくのか、いろいろ問題が出てくる。

私自身は、天皇陵があることを承知のうえで、堺市と文科省と宮内庁が合同して古墳の内部、および周辺を守っていくのが将来的な姿だと思います。そうすればユネスコに提案する時にも完全性や真実性の要件を含めて大きな説得力が出てくる。特に維持管理体制を考えると説得力があると思います。さらに市民も加えて、地域全体として維持管理を継続していくための議論ができないだろうかと思います。

松浦　私もそこは気になります。百舌鳥・古市古墳群を世界遺産にする時に、宮内庁あるいは宮内庁所管の古墳の保全が法律的に担保されていないという点は、国際的にはなかなか説明できません。

西村　ただ、例えば、北朝鮮の高句麗古墳群は世界遺産になっており、古墳が約六〇基ありますが、王墓なので発掘されていないものもあります。それも含めて指定されています。その意味では、王墓として尊重されているので慣習的に壊すことがない。慣習として守られていることもルールとして認められています。

松浦　それは一九九八年に、世界遺産委員会議長の時に私が言ったことです（笑）。それまで世界遺産委員会のガイドラインでは明文化された法律が必要とされていたので、改正しました。

西村　百舌鳥・古市古墳群は、松浦さんのお陰で助かるのかもしれません（笑）。

このルールは通常は途上国で慣習的に守られている場合に適用するのですが、たぶん百舌鳥・古市古墳群のケースでも考えられるのではないかと思います。王墓か否か完全に証明されていないピラミッドのような例もあるわけですから。文化財に指定されていなくても、宮内庁のなかに別のルールがあって厳格に守られていることが示せれば問題はないはずです。

白石　水をたたえた濠をもつ古墳では、墳丘の周りが濠の水で浸蝕され崩れていくと、護岸工

地元の高校生も古墳の周辺の清掃活動を行なっている。

事をやらなければいけません。その際には、宮内庁は必ず事前発掘調査をやり、その結果に基づいて遺構の保全を図りながら工事を行うようにしています。外部の専門家からなる陵墓管理委員会があり、古代史や考古学の専門家の意見を聞きながら、実質的に史跡になっている古墳に対する場合と同じような措置をとって、遺構を破壊しないよう保全を図っておられることは事実です。

松浦　しっかりしたルールが確立していれば問題ないでしょう。

西村　ちょっと脱線しますが、昔の古墳は今のように木に覆われていたわけではありません。昔は周辺住民が、例えば濠は用水として使っていたし、墳墓に生えている木は薪として使っていたことがあった。逆に言えば、そうやって周辺の人たちが古墳を守ってきたのです。単に宮内庁が管理しているだけでなく、周辺の住民が一丸となって管理をしていたということは大切なことだと思います。

岩槻　古墳が地域の人々の生活と密着している。私もそれは非常に大切なことだと思います。そういうことはピラミッドや兵馬俑にはないでしょう？

西村　ありません。古墳の周囲の濠に水がずっとあるということは、恒常的にメンテナンスしていないといけない。それをずっとやり続けている例はありません。用水の仕組みが守られてきたから、古墳全体を守ってこられたのだと思います。

古墳の自然から古代を読み取る

岩槻　私の専門は生物学ですから古墳はまったくの専門外ですが、なぜ百舌鳥・古市古墳群なのかという点に関して、例えば、そこの研究が進んでいるからとか、保全がよく進んでいるからといったことはあるのではないでしょうか。

このようなことを申し上げるのは、日本のユニークさを語るときに、背景としての日本の自然を読み取ることがかなりの程度できるようになっているからです。万葉集は自然や植物や動物がたくさん詠み込まれているため、当時の自然を読み取ることができる世界でも稀有の書です。しかも、貴族階級だけでなく、防人のような市井の人の歌まで含まれています。高貴な階級だけでなく、広く日本人が当時どんなことを思っていたかが反映されているのです。日本でも古今集になると、貴族階級の技巧的な歌が中心になりますが、諸外国の古い本ではこういう例は少ない。中国の詩経には自然に関する概念はたくさんあるし、歴史的にも圧倒的に古いものですが、自然そのものは詠まれていません。しかも詩経のほとんどは貴族階級が詠んでいます。ヨーロッパの民俗学者と話をしていると、本当にうらやましがられます。これは本当に素晴らしいことだと思います。

仁徳天皇陵は、容積は小さいのかもしれませんが面積では世界最大です。一〇〇メートル以下であれば保全されていても中の生物相は変わっていると思いますが、あまり人の手が入らずに長い間保全されている巨大な墳墓の生物相が調べられると、万葉集のころと比べてどのくらい保全されているのかがわかっておもしろいかもしれません。

白石　仁徳天皇陵などの管理の記録が残っているのは、やはり宮内庁が管理するようになった明治以降で、それ以前は、例えば、入会地《いりあいち》として薪などを採ったりする場所にもなっていますから、そういうところは付近の里山と同じで、古い生物相はないかもしれません。ただ、それぞれの地域で古墳がどのように利用されてきたかという研究はありますし、今後も進んでいくと思います。

また、最近では自然保護団体などの研究グループが宮内庁に内部調査の申し入れをしています。宮内庁は「学術研究上の必要があれば前方後円墳の第一段までは入っても結構です」ということですから、対応されているようです。考古学だけでなく、動・植物の調査についても、これから徐々にオープンになっていくのではないかと思います。

西村　岩槻先生の「研究が進んでいるところで括れるのではないか」という指摘は、なるほどと思います。というのは、石見銀山の世界遺産登録の時に、銀山について世界中の専門家を呼んで日本で学術討論会のようなものを開きました。世界には銀山がたくさんありますから、石見銀山がどこまで特異であるか、それまではなかなか説明しにくかったのですが、発掘の詳細、例えば、出土した坩堝《るつぼ》の表面を分析することで、どういった灰吹き法の仕組みで銀を抽出していたのかということを科学的に明快に説明して、「ここの技術はこういうものです」と明言しました。他の国にはここまで詳細な化学分析の情報はありませんでしたし、同じような技術もおそらくないことがわかったので、誰も反論できなくなりました。だから、非常に研究が進んでいる状況をうまく取り上げることも重要だと思います。

近世の築城と古墳造成との共通性

五十嵐　私はやはりヤマト政権の統治機構に興味があります。

白石　古墳の築造に関して言えば、大変な労働力が必要だったことは間違いありませんが、少なくとも無理やり働かせるというようなことはなかったと思います。それでは三〇〇年、三五〇年という長期間巨大古墳の造営が続くはずがありません。労働力動員のシステムなどについてはよくわかりませんが、非常に活気に満ちた時代であったことは間違いないでしょう。

五十嵐　国境のようなものを越えて、技術者が集団として動いて同じ形になったということは考えられませんか。庶民レベルの技術者集団が職を求めて、あちこちに造っては移動していくというような。

白石　そういった面も多分にあると思います。

五十嵐　あるいは、統治があって、税を納めさせて少しの報償を与える。しかしそれは、必ずしも統治者と被統治者のような関係ではなく、ある集団の長、つまり「われらの盟主のためにやる」というような働き方も考えられます。

松浦　ある種の信仰のように？

五十嵐　そうです。二千人が一六年間もずっと造成に携わるというのは何なのか。極端に言うと宗教的に統一された共同体のようなものかもしれません。統治として二千人をずっと動かす権力を考えると、税や刑罰あるいは他の地域からの富の収奪など、かなりのことをやらないとできません。けれども信仰で結びついた共同体なら、そんなことをしなくとも宗教的なルールの下で造っていくことも可能だったのではないでしょうか。

岩槻　信仰に類するものでしょうね。ただ、今から考えたらそうなのであって、そのころの人はそうすることが普通だったわけでしょう。

西村　近世のお城でもそうです。一年とか二年というスピードで立派なお城を造るでしょう。あれは強制力だけではできないと思います。

古墳時代の高い技術が早いスピードで広まっていって、その仕組みのなかに自分の位置をはめ込んで、うまく調和的に地域のなかに収めていくという統治の仕組みは、近世に城郭を造ったときとそっくりですね。大阪城ができると、織豊期には大阪城より高い城は造らない。それより高い天守閣は江戸城と名古屋城ですが、これは徳川が勝ったから造るわけです。しかし、今度は徳川の秩序のなかではそれが最大になり、それ以外の城の大きさは全て調和的に決まっていく。そういうことが五〇年ぐらいの間に二回も行われている。こういう国家秩序の在り方のようなものは、古墳時代ととても似ています。調和を重んじる非常に日本的な特徴なのだと思います。

松浦　いいか悪いかは別として、日本人にはそういう特性がありますね。

「開発」における日本人のルール

岩槻　上代の日本列島の開発の仕方が、まさにそうです。中国であれば五〇万人の大軍を動かして、森を全部焼いて敵を抹殺する。相手の文化をつぶすということで、社稷を抹殺してしまうことが勝利だった。ところが、日本では相手の森を焼き払って抹殺するということは一度もやっていません。代表が「やあやあ、われこそは」と出てきて、チャンバラをして、それで決着がつけばおしまいというやり方で、三国志にあるような大規模な殺し合いはなかった。

日本は、北海道は別かもしれませんが、どういうわけか奥山、里山、人里というゾーニングによるきっちりした開発を、青森から九州までやっています。地域によって植生はずいぶん違いますがゾーニングは一定している。そこにはおそらく、奥山は八百万の神の住まいであり、自分たちはそのうちの一番使いやすい部分を開拓させてもらい、神様から預かった土地を利用させてもらうけれども、土地をつぶしてしまったことは申し訳ないから、神様の依り代——森をご神体とする神社、やがては氏神の鎮守の杜をきちんと造る、という考え方があったのだと思います。

松浦　縄文時代は約一万年続いて、いろいろな集落が地方にできていますが、戦いで死んだ人の骨は出てきませんね。平和な時代が一万年も続いたというのは世界にはありません。

西村　しかも農耕をしないで一万年暮らせたわけですから、やはり生物が多様で豊かだったのだと思います。

岩槻　私もそう思います。防人にしても、行きはちょっと面倒をみてもらったようですが、帰りは自力で帰ったようです。そういうことができるだけの豊かさが古代から日本にはあった。一方で、自然災害が頻発する恐れもあった、その両方でしょうね。

仁徳天皇に見る理想のリーダー像

岩槻　私は、日本がいつできたかということに非常に関心があります。先ほどの話を聞いていますと、確かに日本という国家は七、八世紀にならないと成立したとは言えないようですが、同じスタイルの前方後円墳が日本全国に広がっていることから推測して、一種の「日本」があったとは言えないでしょうか。

西村　文化として共通するものですか。

岩槻　そうです。先ほど言ったように、日本列島の開拓は、万葉集の時代から人里、里山、奥山というゾーニングに基づいて行われています。誰かがそう決めたわけではないのにそうなっている。これは朝鮮半島にも他にもない、日本列島だけに見られる特徴です。この例が示すように、日本という国家はなかったかもしれませんが、「日本」の文化というか、同じ考えを共有した人々の集まりはあったのでしょう。

記紀の時代には、隼人と大和では言葉が通じなかったといいますが、言葉さえ通じないところで、しかしある共通性をもつ文化があった。統治機構としての法律は整っていなかったでしょうし、国家はなかったのかもしれませんが、しかし「日本」は見えると思います。

さきほど五十嵐先生のおっしゃった国家の概念はまさに近代国家の概念ですが、生き物がなぜ集団をつくるようになるか、集団はなぜリーダーをつくるようになってきたかという意味での「国家」から言えば、個体では対応できないことを集団で対応するようになってきたということです。その意味では、国家は個々の個体を守るためにできたものです。ところが、国家ができてしまうと、権力者が国民を守るというよりも、むしろ国家や権力者のために国民を搾取するわけです。

私は、仁徳天皇が好きなのですが、仁徳さんは、皇后にしょっちゅういじめられていたと記紀に書いてあります。恐妻家です（笑）。しかし、実際に仁徳さんがやったかどうかは知りませんが、記紀によれば、三年間税金の徴収をやめたら民の家々から煙が出てきた。そのときに仁徳さんが「われ富めり」と言ったら、皇后さんが「うちの垣根の修理もできないのになぜ富んでいるのですか」という質問をしたとある。

私らが習った歴史にはそういうことは書いてありませんが、記紀にはそうあります。私は、それがまさに日本の皇帝論だと思います。本当に仁徳さんがそうであったかどうかは知りませんが、当時の人々がリーダーに期待したのは、そういう人物像だった。理想論として仁徳さんのような在り方を書いたわけです。

古事記や日本書紀は神話だとか伝説だと言われますが、私はそういう見方だけで捉えるのは疑問です。古事記や日本書紀にはそれが書かれた当時の日本人の考え方が表れている。当時の人々にとって君主とは何かということが表現されているのです。その意味で、事実かどうかではなく、仁徳天皇を「君主はかくあるべし」と評していることに目を瞠ります。そういう理想論が出てくるのはたぶん日本だけです。私はそれが大切なことだと思っています。

古墳文化と現代日本との結びつき

五十嵐　古墳は現代の日本の何と結びついていると考えればよいのでしょうか。これらのとてつもなく大きな遺産は、その後の日本の精神構造や生産、あるいは流通といったものに大きな影響を与えていると思いますか。奈良時代以降であれば、仏教や神道で説明すればわかりやすいのですが、そこが見えてこない。現代にはその痕跡がないと言えばそれまでですが、現代とはなかなか結びつかないのではないでしょうか。

岩槻　それに関しては継続と断絶の両面があると思います。

例えば、現代では八百万の神を祀らなくなったと言いながらも、「もったいない」という言葉が見直されているのは、八百万の神信仰が依然として日本人のなかに生き続けているからだと思います。宗教論者の言ういわゆる「宗教」ではなく、日本人の心の奥底にある信仰は、万世一系であるかどうかとかいったこととは無関係に、八百万の信仰につながっていると思います。

一方で、明治以後に西欧文化に追い付け追い越せという、物質志向へのシフトがありました。弘法大師のころの中国文化も非常に大きな影響があったのかもしれませんが、長い間をかけて徐々に影響を受けながら同化してきた。しかし、明治時代以後一四〇年間の西欧文化の受け止め方は、西欧的な物質主義の考え方に日本人の心の在り方を変換しようとしたわけです。そのなかで、それまで信仰の対象として継続していた古墳なども研究対象になった。にもかかわらず、一般大衆のこころのなかには研究対象でない信仰の対象としての古墳がある。私はそこに継続と断絶を見ますし、この二つは共存していると思います。

古墳を見守ってきた日本人

西村　堺市のように都市化の圧力が強いところでも、巨大な開発の時期にあってさえ、大きな古墳は残された。壊されそうになったのは幾つかありますし、実際に壊されたものもありますが、巨大古墳は壊されなかった。堺市のいたすけ古墳の土が壁土にいいというので、ある企業が買い取って壊しそうになったけれど、考古学者が中心になって全国キャンペーンを張って止めたこともありました。そこには今でも、途中まで架かっている橋がそのまま残っています。もう少したったら、あの橋そのものが保存の対象になるかもしれません。

古墳の周囲には家が建っていますが、非常に高いビルを建てることもあまりない。海外の関係者が視察に来るときに、古墳の周囲に住宅がびっしり張り付いているから、われわれは「これは駄目」と言われるのではないかとはらはらしますが、実際には多くの専門家が、「住宅がむしろ地下遺構を守ってくれているのではないか」という反応です。

岩槻　お寺でさえ廃仏毀釈でつぶされたにもかかわらず、多くの古墳は残っている。江戸時代に入会地として活用されるようなことがあっても、完全には破壊されることはなかった。江戸時代には天皇はそれほど偉くなかったにもかかわらず、つぶされずに維持されている。これもやはり日本の文化だと思います。

西村　先ほどから言っている水系が守られてきたことは重要だと思います。灌漑用水も兼ねていたから壊さなかったのだと思うのですが、それくらい地域社会のなかに入っていたのは確かです。

おもしろい話があって、百舌鳥・古市古墳群のなかでビルの高さが一番高いのは三国ヶ丘駅の周辺です。三国ヶ丘駅というは仁徳天皇陵の端にあって、そこには高層ビルが建っていて、バッファゾーンの指定が難しいことが予想されるところです。阪和線と南海線が交錯している

百舌鳥古墳群のほぼ中央にあるいたすけ古墳（堺市）は、1955 年頃に土砂の採集と住宅造成のために橋が架けられた。その橋は現在も朽ちながらも残っている。

駅なので、とてもにぎやかです。

ところがその駅は戦前から半地下になっています。南海線ができるときに半地下にしていて、阪和線を造るときにはその下をまた掘っている。だから高架がない。どうしてそうなっているのかは調査されていませんが、密かに言われているのは天皇陵を上から見るのを避けた、ということです。こういうことは素晴らしいのではないかと思います。

岩槻　やはり仁徳さんはすごい（笑）。

世界遺産で示す日本の歴史文化

松浦　私は日本文化の出発点は縄文だと思います。縄文文化から始まり、弥生、古墳とつながっていく。弥生時代は、私が習ったころは紀元前四世紀に始まるということでしたが、最近は紀元前九〜一〇世紀くらいに始まり、そのころ稲作が伝わったということでかなり長い間続いていたことがわかっています。
しかし、日本が国の形を成してきたのは、やはり古墳時代だと思います。この時期に日本の最初の統治形態ができたのではないか。残念ながら文字がないから、縄文人が何を考え、弥生人が何を考え、古墳時代の人々が何を考えていたかは推測しかできませんが、やはり縄文、弥生を経て、日本人の考え方がだんだんと固まってきて、古墳時代に入って初めて統治形態ができた。それぞれの地方の統治形態からだんだん緩やかな日本全体の連合になっていった。そのような意味において、古墳時代が日本の国としての出発点を成していると思います。

私は、日本の世界遺産が、最終的には日本の歴史文化をしっかり説明できるものになってほしいし、日本の文化遺産全体を見れば、日本人が、あるいは世界の人が日本の歴史を理解できるというものになってほしいという願いをもっています。例えば、ギリシアの世界遺産は、ギリシアの全ての歴史はたどれませんが、歴史の概略はわかるようになっています。他方、エジプトは古代史が中心です。

ところが、日本は一万一二〇〇〇年の歴史がありながら、世界遺産では、白鳳時代から江戸時代の終わりぐらいまでの一二〇〇年ほどしかカバーできていません。その意味から言うと、古墳時代の一番代表的な五世紀の前方後円墳が世界遺産になることは、非常に重要な意味があると思います。いずれは三世紀の箸墓古墳までさかのぼれればいいし、弥生時代や縄文時代も何らかの格好で世界遺産になればいいと思っています。

今の日本が形成される過程では、それぞれ時代が重要な役割を果たしてきました。ただ、八世紀になって万葉集と日本書紀ができるまでは言葉がしっかりした形で残っていないから、そう古くまではたどれません。文字はないけれど物は残っているわけですから、これは大事にしなければいけません。

西村　こうしたことが言えるのは、言語や文化が一定程度共通しているという特殊な状況が必要でしょう。国家というのは近代の産物ですから、現代の国家の形でその国の過去を説明するということは、ヨーロッパではあり得ません。もしも自国の歴史を全て世界遺産にしなければいけないとしたら、世界遺産のルールに照らすとおかしなことになります。日本は特殊な状況があるから、ある意味それが正当化できるのではないかと思います。

三世紀の箸墓古墳（奈良県桜井市）は、現在のところ最古の古墳と考えられており、卑弥呼の墓という説もある。

世界遺産の原点は「平和」

松浦　世界遺産条約加盟国は、二〇一二年にパレスチナとシンガポールが加わり、一九〇か国になりましたが、どの国も自国の出発点を成したものを世界遺産にしたがっていますし、実際かなりそうなっています。

少し飛躍しますが、インド洋に浮かぶアフリカの国モーリシャスはもともと無人島でしたが、一六世紀以降ヨーロッパ諸国による入植と植民地支配が続き、サトウキビ栽培のためにアフリカから多くの労働者奴隷が連れてこられました。一九世紀のイギリス植民地時代には、奴隷制度廃止後の人手不足を補うため、インドから多くのクーリー（単純労働者）が渡ってきました。現在、モーリシャスで七割を占めるインド系住民にとって、先祖が到着した波止場は彼らの出発点です。そこを私も協力して世界遺産にしたのですが、史跡に乏しく、最初イコモスは「ノー」でした。一九世紀から二〇世紀初頭に建てられ、インドからの労働者の受け入れに使用されたアプラヴァシ・ガートという建造物群のうち、現存するのは一割強で、波止場、病院、厨房、トイレなどが部分的に残っているだけですが、結局、二〇〇六年に世界遺産になりました。

それから二年後に、モーリシャスの南西部にある標高五五六メートルのル・モーンという岩山も世界遺産になっています。サトウキビ畑で酷使されて逃亡したアフリカからの奴隷が身を潜めた山がル・モーンで、彼らが洞窟などにつくった集落の文化的景観は、いまも残っています。つまり、インド系住民の祖先とアフリカ系住民の祖先を象徴する二つの場所が世界遺産になったわけです。

しかし、似たような例で、西アフリカのリベリアでも解放奴隷が到着した場所を世界遺産にしたいと考えていますが、解放奴隷が到着した場所には今は何もなく、到着した場所というだけでは世界遺産にはできない。彼らは何とかしたいから知恵を出してくれと言うけれど何もないから難しい。

岩槻　それに関連して言うと、世界遺産にどうやって登録するかなど、クライテリアにどう合わせるかという議論はおおいになされますが、世界遺産とは何かという原点に立ち戻ることはほとんどありません。ユネスコが条約を作った意義はいったい何であったのか、それに日本の古墳は見合うのかという議論を、やはり原点に戻って行う必要もあると思います。クライテリアは厳密に考えなければなりませんが、それしか議論しないのは不十分です。

西村　例えば、墳墓の形が多様で、日本独自のものがあるということが議論全体のなかに位置を占めていればいいのですが、規模が最大だといった話ばかりになると、平和のために存在するはずの世界遺産が競い合いになってしまいます。

岩槻　クライテリアだけに合わせようとすると、そういうことになりかねません。

白石先生から、前方後円墳が日本中に瞬く間に広がり、途中からは韓国へも伝わったという話がありましたが、古墳は日本人の生活、しかも今の水利と結び付いているわけです。そういうものがあるということが、日韓や日中の紛争を知的なレベルで解消しようということにつながっていかなければならない。

自然遺産に関わっていると特に思うことですが、自然遺産では保全の話ばかり出てきますが、しかし、保全のためだけなら何も世界遺産にしなくてもいい。そうではなく、世界遺産にすることを通じて、なぜ人類が戦争をやってきたのかということに対して反省を促すことがもっと大切です。そのことがあまり議論されないのが残念です。

松浦　ユネスコの前文に謳われているのは、岩槻さんがおっしゃった「人の心に平和のとりでを築く」ということであり、それが世界遺産登録の基本理念です。「平和のとりでを築く」ために、世界遺産によって諸国の交流を深め、相互の歴史理解を深めることで誤解を解いていく。人類が一つの歴史をもっているということを理解するために世界遺産は存在するのです。

例えば、中国の文化遺産を通じて中国の歴史を理解し、逆に中国も日本独自の文化遺産を理解する。日本の文化は中国の亜流ではなく、日本独自の文明があることを理解してもらう。もちろん日本の文明が中国の影響を受けながら、あるいは朝鮮半島の影響を受けながら、独自の文化を育ててきたことも世界遺産からは浮かび上がってくるでしょう。そういうことを通じて互いの理解が深まっていくことが大切です。

百舌鳥・古市古墳も規模の大きさではなく、前方後円墳を通して当時の統治者なり、豪族なりを見ることで、それが東アジアの独自な存在であることがわかることが重要なことです。

二〇一二年六月一五日(金)、九月一八日(火)　仁風林にて

第三章　世界遺産と自治体

多元化する世界遺産の維持管理

――国から自治体、企業、市民との協働へ

五十嵐敬喜

いがらしたかよし
一九四四年山形県生まれ。弁護士、法政大学法学部教授。専門は都市政策、立法学、公共事業論。「美しい都市」をキーワードに住民本位の都市計画のありかたを提唱。世界遺産についても美の基準、住民参加、まちづくり、市民学、景観などの視点から論考している。

世界遺産は何を目的とした制度か。言うまでもなくそれはそれぞれの資産が地域や時代を超えた普遍的価値を持っていることを顕彰すると同時に、もう一つ重要なことはこの普遍的価値を有する資産を末永く維持管理するということである。戦争（自然劣化、災害、経済・都市開発などによる脅威も）はこれを破壊する最大の脅威である。これに対して危機遺産の認定は当該世界遺産の管理状態の悪化を世界中に知らしめるもの、バッファゾーンの指定は遺産を周囲の環境変化から守ろうというものであり、これらの対抗措置を設定することによって、破壊に対抗しようというのであった。そのような意味で維持管理は顕彰と裏腹の関係にあり、極めて重要な位置を与えられている。世界遺産条約（一九七二年）がその第五条で、

a　文化遺産及び自然遺産に対し社会生活における役割を与え並びにこれらの遺産の保護を総合的な計画の中に組み入れるための一般的な政策をとること。

c　学術的及び技術的な研究及び調査を発展させること並びに自国の文化遺産又は自然遺産を脅かす危険に対処することを可能にする実施方法を開発すること

と定めたのは、この決意のあらわれとみることができよう［註1］。

本稿はこのような世界遺産の原理・原則に基づいて、「古墳」の維持管理について若干の考察を行おうというものである。この考察にあたってまず、世界遺産の拡大や進化にあわせて、維持管理もいま劇的な変化を遂げているということから論を始めたい。それを見ることは古墳の維持管理論にも重要な示唆を与えるからである。

維持管理論の歴史的経緯

世界遺産の維持管理をどのようにして行うか。そこにはハードからソフトな手法まで、あるいは政府から市民まで、さらにはそれぞれ個別に維持管理する方法から、周辺まで含めて一体として行う方法、もっと言えば、維持保全だけでなくさらに積極的に創造していく方法など、様々な方法がある。その中で最も強力な武器が法律によるものである。法律は違反に対して強力な制裁措置（刑罰あるいは損害賠償）を持ち、これは他の方法では持ち得ない特質である。こうした観点から、世界遺産制定当初、日本でも文化遺産に対しては文化庁が文化財保護法によって、自然遺産に対しては環境省・林野庁が自然公園法、自然環境保全法によって維持管理を行うことにしていた。

しかしながら、世界遺産条約は制定から四〇年がたち、この間ダイナミックな展開がみられた。そしてそれに対応しながら、日本でもそれぞれの処置がつけ加えられてきたのである。いくつか例を挙げてみていこう。

一　文化的景観

新しい世界遺産の概念の一つとして文化的景観がある。これは人間と自然との相互作用によって生み出された景観であり、一九九二年に「世界遺産条約履行のための作業指針」に加えられたもので、自然遺産として登録されていた（一九九〇年）ニュージーランドのトンガリロ国立公園が、マリオ族の信仰の対象であるなどの点が評価され文化遺産としても登録された（一九九三年）のが最初である。日本でもこれを受けて二〇〇四年に文化財保護法を改正して「文化的景観」（地域における人々の生活又は生業及び当該地域の風土により形成された景観地で我が国民の生活又は生業の理解のため欠くことのできないもの）（同法二条一項五号）を創出した。特に重要であるとして重要文化的景観に選定されると、現状の変更や保存に影響を及ぼす行為が制限される。なお、この概念と類似するものに複合遺産があるが、厳密には一致していない。

二　無形文化遺産

無形文化遺産はそれまでの世界遺産が有形遺産（モニュメント、建築物群、遺跡）に限定されていたのに対し「慣習、描写、表現、知識及び技術並びにそれらに関連する器具、物品、加工品及び文化的空間であって、社会、集団及び場合によっては個人が自己の文化遺産の一部として認めるものをいう」（二〇〇三年の無形文化遺産の保護に関する条約。それ以前は「人類の口承及び無形遺産に関する傑作」として宣言されていた）を新たに条約として制定されたものである。この無形文化遺産については日本の文化財保護法は、世界遺産にはるかに先駆けて、一九五〇年の制定当初から「無形文化財」として保護の対象にしてきた。「演劇、音楽、工芸技術その他の無形の文化的所産で我が国にとつて歴史上又は芸術上価値の高いもの」（二条）がそれであり、この姿勢は世界でも先駆的なものと評価されている。

三　産業遺産（近代化遺産）

文化的景観と無形文化遺産について日本は文化財保護法によって対応してきた。しかし、この近代化遺産になると文化財保護法の射程距離を超えるのではないかとされ、文化財保護法の限界が明らかになってきている。

産業遺産とは、ある時代においてその地域に根付いていた産業の姿を伝える遺物や遺跡である。世界遺産に登録された産業遺産は一九七八年のポーランドのヴィエリチカ岩塩坑が最初であるが、その後一九九〇年代以降に急増するようになった。その背景には「均衡で代表性、信頼性のある世界遺産リストを構築するためのグローバル・ストラテジー」（the Global Strategy for a Balanced, Representative and Credible World Heritage List）がある。これは一九九四年の世界遺産委員会で採択されたもので、従来ヨーロッパの一神教的な、そして石の文化に偏りがちだった文化遺産登録の見直しを図ったものである。この見直しの一環として、「二〇世紀の建築」などと共に多様な形で世界中に存在する「産業遺産」という概念が生み出されたのである。
日本では、「製鉄所、造船所、製糸場などの工場設備や機械、鉱山、橋、ダム、トンネル、発電所、鉄道などの建造物、さらには河川施設や港湾施設など、幕末以降第二次世界大戦までの日本の近代化を支えた各種社会資本の総体」を遺産として捉えている。この遺産は当初それまでの文化財保護制度の対象とはなっていなかったが、世界遺産の変動に合わせて、一九九三年に文化財保護法を改正し、重要文化財の建造物の種別として「近代化遺産」が新設され、さらに一九九六年の同法の改正により登録文化財制度を導入し、より一般的に活用される途を開いた。

登録文化財制度とは、近年の国土開発や都市計画の進展、生活様式の変化等により、社会的評価を受けるまもなく消滅の危機に晒されている多種多様かつ大量の近代等の文化財建造物を後世に幅広く継承していこうというもので、例えば、重要なものを厳選し、その改変に対しては許可制による強い規制を行う重要文化財に対し、所有者の届出のみで登録ができるようにし、その改変についても指導・助言・勧告を基本とする緩やかな保護措置を講じようというのである。このように産業遺産についても日本は世界と連動しているのであるが、この遺産はあくまで活動を停止した遺産についてであり、「稼働中」のそれはあくまで別個である。これについてはのちに検討したい。

四　記憶遺産

この遺産は「世界歴史に重大な影響をもつ事件・時代・場所・人物・主題・形態・社会的価値を持った記録動産」を対象とするもので、他の遺産と異なり、原則的に政府および非政府機関を含むすべての個人または団体が申請できる（例えば、二〇一一年に福岡県田川市と福岡県立大学が共同で申請した山本作兵衛の炭鉱の記録画）とされていることである。政府を経由しないで個人または団体でできるとしている点は遺産の選択を政府から解放している、言いかえれば広く市民化したものと言えよう。この記憶遺産についても文化財保護法で一部有形無形の「民俗文化財」などとして保護することも可能であるが、上記にみたような「事件」などを含む最も広義のそれ全部に対応できるかどうかは疑問がある。

このように、世界遺産とその維持管理体制の関係を見るとおおむね日本は文化財保護法の改正によってカバーしてきたが、最近、これを揺るがすような事態が生じている。その一つが先ほど見た産業遺産の中の「稼働中」のそれであり、もう一つが、日本が二〇一二年に登録推薦書を提出した鎌倉と富士山である。そこでまずこの二つを見てから最後にこの文脈の延長として古墳のそれを考えていくということにしたい。

近代化産業遺産群に見る維持管理体制の転換

産業遺産の維持管理

産業遺産も文化財保護法の中に取り入れられるようになったことは先に見た。しかし、そこには決定的な限界があった。それを端的に示したのが「九州・山口の近代化産業遺産群」

（二〇〇九年一月に国内の暫定リストに掲載）である。この構成資産は岩手・静岡・山口・福岡・佐賀・長崎・熊本・鹿児島の八県に点在し、このなかに稼働中の産業遺産として①旧官営八幡製鉄所（福岡県北九州市、中間市）、②三池港（福岡県大牟田市）、③長崎造船所（長崎市）、④橋野高炉跡及び関連施設（岩手県釜石市）の四つが含まれている。この稼働中の遺産の世界遺産化に対して所有者は、文化財保護法の傘の下に入ると「生産活動」や「港湾機能」などに著しい損害を及ぼすとして強く反対した。そこでこれへの対応として文化財保護法とは全く別な視点からの維持管理体制が採用された。

遺産について

稼働中の資産については自治体が景観法に基づく景観計画を策定してこれら資産を「景観重要建造物」に指定し、そのまま稼働することを認めるというのである。もちろんここでは世界遺産としての価値を損なう改築等は許可しないこと等の方針が示され、世界遺産としての価値を損なわないとされた範囲の行為については、条例の管理方法の基準や管理協定に基づいて、許可を要しないとした。

バッファゾーンについて

冒頭に見たように、世界遺産では、その価値を失うような環境破壊は認められない。産業遺産ではこのバッファゾーンをどのようにして担保するか？　これに対しても、例えば港湾管理者である北九州市長は港湾法に基づく港湾計画で遺産価値の保全に対する港湾管理者の意思を明記し、市長は景観を損なう恐れのある建築物等の建設、改築、用途変更を条例で規制し、港湾法四〇条によりこれらの建設等を許可しないとしたのである［註2］。

ここで重要なのは、国土交通省が港湾法と景観法で対応する、つまり文化庁の文化財保護法による独占体制が壊れたということである。これは国レベルでの一元的な権力が分散し始めたとみることができる。もう一つ港湾法と景観法は維持管理を自治体にゆだねていて、自治体がコントロールできるようにしている。すなわち国の権限の分権化が始まったということである。これをある種の維持管理体制「転換」というとすればこれをもっと鮮やかに示したのが次の二つの遺産である。

富士山の維持管理に必要な自治体、市民、企業の関わり

二〇一二年、日本政府は富士山と鎌倉について、双方とも「文化遺産」として登録の申請を行った。ではこの二つの維持管理はどうなっているか。

富士山は、「日本を代表し象徴する日本最高峰の秀麗な円錐成層火山として世界的に著名であり、その荘厳で崇高な形姿を基盤として日本人の自然に対する信仰の在り方や日本に独特の芸術文化を育んだ山である。時代を超えて、一国の文化の諸相とも極めて深い関連性を示し、山に対する信仰の文化的伝統を表すのみならず、世界的な『名山』としての景観の類型の顕著な事例として顕著な普遍的価値を持つ山である」などとして、文化遺産に登録申請（文化庁、環境省、林野庁の共同推薦）された。構成資産は「山頂の信仰遺跡群、登山道（現富士宮口登山道）、神社、湖、住宅、池、胎内樹型そして白糸ノ滝、三保松原」である。

これらの維持管理を細かく言えば、個別遺産の遺跡、神社、住宅などは文化財保護法の史跡や重文指定、滝や湖などは自然公園法（一九五七年制定）及び国有林野の管理経営に関する法律（一九五一年制定）で行われることとなっている。しかし緩衝地帯を含めて言うと、この大部分は森林である。森林は国有林のほか民有林もあり、これらは森林法（一九五一年制定）の対象となる。

それはどういう意味をもっているか。第一は国が所有する部分は国が直接コントロールできるが、民間所有部分は森林法で立ち向かわなければならない。そしてこの森林法も港湾法と同じように法律の趣旨に限界がある。もう一つは、管理主体が富士山という複数自治体（山梨県と静岡県）にまたがる遺産ということから、複数自治体による共同管理という事態もこれまで見られないことであった。そして第三に、維持管理する、例えばゴミの清掃、あるいは頂上付近のトイレの管理、そしてあふれる登山者のコントロールなどなど、国だけでなく自治体も市民もそして企業も総力あげて参加し努力しなければこの広大な富士山を到底維持管理できないということである。富士山では現に多くの市民があらゆる多様な活動を行っていることは周知のとおりである。

つまりここでは、国や自治体といった公的なセクターによる維持管理を超えて、市民自身も維持管理の主体となってきたということに注目したいのである。なお、私はこのような維持管理体制の進化を一つにまとめる「富士山法」の制定を提言した［註3］。

市民が守ってきた鎌倉の景観

「武家の古都・鎌倉」(文化庁と国土交通省の共同推薦)の構成資産は神社(記念工作物を含む)、寺、大仏、やぐら群、大仏、遺跡、坂、庭園、切通し、港湾である。これらの維持管理は、文化財保護法のほか、古都保存法、そして周辺地域のコントロールは景観条例で行う。

古都保存法は、一九六六年制定の「わが国固有の文化的資産として国民がひとしくその恵沢を享受し、後代の国民に継承されるべき古都における歴史的風土を保存するために国等において講ずべき特別の措置を定め、もつて国土愛の高揚に資するとともに、ひろく文化の向上発展に寄与することを目的とする」(一条)法律である。

同法によれば、

(一) 建築物その他の工作物の新築、改築又は増築

(二) 宅地の造成、土地の開墾その他の土地の形質の変更

(三) 木竹の伐採

(四) 土石類の採取

等の行為についてコントロールできるとされている。

しかし、ここでも法の趣旨と世界遺産の保護との間には相当な距離がある。例えば森林について、古都保存法では「維持」はできるが、積極的にこれを育成していくという観点はない。端的に言えば、一九六〇年代の高度経済成長期に各地で宅地開発の波が押し寄せ、鎌倉でも鶴岡八幡宮の裏山まで開発されようとしたため、「御谷(おやつ)の森を守れ」という市民運動

が起こり、これが古都保存法に結実（一部ナショナルトラストとして市民共有の財産となっている）して森を守る武器となってきた。その主体となっているのが「風致保存会」などの市民であり、ここでは森を守るだけでなく積極的に維持管理し創造していくという点が課題となっている。同じように、鶴岡八幡宮と一体となる若宮大路の景観も市民が守ってきたものだということに留意しておきたい。後に鎌倉市はこの市民の営為を景観条例による高さ規制として追認したが、これに魂を入れるのが市民なのである。

百舌鳥古墳群及び古市古墳群について

このような維持管理の変革の波は、本稿の対象である「古墳」のそれについても確実に押し寄せる。もっとも、ここではその対象が「古墳」という日本独特（皇室と結びつき、いわば禁断の聖地となっている）なものであるため、少しその独自性に触れながらこの保護管理について考えていくことにする。

古墳には、一つは国（宮内庁）が自ら所有し維持管理するものと、もう一つは民間所有地におけるそれをいろいろなレベルでコントロールするものがある。

前者の典型例が「陵墓」[註4]である。これはもちろん国がダイレクトに管理する。後者について歴史をさかのぼると、明治から大正にかけて、国の所有物以外のものをコントロールしようとしたのが古社寺保存法（一八九七年制定。この法律は一九二九年に国宝保存法となる）である。古社寺保存法は、国が直接管理する陵墓と異なり、民間の社寺が所有し管理する歴史的建造物や美術工芸品を保全しようとしたものである。この時代は宗教政策の一環として厳しい制約を加え、社寺の財産を事実上準国有財産化しようとしたものと言えよう。もう一つ、民間所有財産に係る名所旧蹟、あるいは天然の産物の保存については、一九一九年制定の史蹟名勝天然記念物保存法から始まった。これは史跡・名勝・天然記念物の三つをコントロールしようとしたものである。

戦後の一九四九年になって、法隆寺金堂の火災による壁画の焼損を契機に文化財保護に関する総合的な法律として文化財保護法が制定され、同法の施行に伴い「史蹟名勝天然紀念物保存法」「国宝保存法」及び「重要美術品等ノ保存ニ関スル法律」は廃止された。

このようにして現在、古墳は陵墓、あるいは史蹟として維持管理されるのであるが、明治以前は律令制のもとで天皇家が維持管理するとされていたが、天皇家の力が衰えると荒れ放題になってしまっていた。記録によると江戸時代、周濠が溜池となり、地域の集落がいわば「水利権」を有し、これを灌漑用水として利用してきたというような事実も見られる。

古墳とバッファゾーン

古墳とバッファゾーンについてはどのような対策がとられようとしているか。「『百舌鳥・古市古墳群—仁徳天皇陵をはじめとする巨大古墳群』世界遺産暫定一覧表記載資産候補提案書」

によると、古墳そのもの、濠を含む古墳、さらにこれらと密接に関係するその周辺の問題の三つに分けて維持管理の方法が提案されている。

（古墳について）

本資産には、史跡、未指定古墳、宮内庁陵墓という位置付けの異なる資産が含まれる。国及び府指定史跡の古墳については、個別の古墳ごとに整備を進めてきたが、今後未指定の古墳については、今後調査を重ね、文化財保護法による国史跡指定など、法令による保存管理を強化する。

陵墓については、宮内庁による管理を尊重しながら、保存に取り組む。

（保存管理の基本方針）

一　保全の方法

個別の古墳ごとの詳細な調査を実施し、規模や墳形、築造時期等を把握し、資産の範囲とその価値を確定する。基本的には、資産の公有化を目指すものとするが、現状の土地利用・土地規制状況も勘案し、群全体のバランスを図りながら古墳ごとに保存管理の方法について検討を行う。

二　資産の整備

資産の保存管理を適切に行うため、個々の古墳の歴史的価値、規模や立地条件、遺構の保存状況などに応じて、現行の保存状態を維持するもの、築造当初の状態への復元をおこなうものなど、望ましい整備のあり方を検討する。

三　保存管理の体制

百舌鳥古墳群と古市古墳群は、地理的に離れており、所管する行政機関も異なる。総体として統一的なコンセプトの下に保存管理を進めるため、関係行政機関による協議組織を設置するなど、連携を緊密にしながら保存管理を進めていく。

（バッファゾーンについて）

・百舌鳥古墳群

一　主要個別構成資産の周辺は、都市計画法の風致地区・第一種低層住居専用地域となっている。これらを基礎に個別状況を踏まえて周辺一帯の保全に努めていく。

二　堺市では、仁徳陵古墳、履中陵古墳をはじめ本資産の大部分が集中している大仙公園とその隣接地区を大仙風致地区（九八ヘクタール）に指定して古墳の周りを緑で囲う方向性を打ち出し、環境の保全をはかっている。さらに、現在、既存景観条例については景観法に基づく条例への移行を検討している[註5]。

三　仁徳陵古墳と履中陵古墳にはさまれた地域は、早くから堺市のシンボルパーク「大仙公園（計画区域八一・一ヘクタール）」として、古墳等の歴史的・文化的資源を保存・承継・活用するための核と位置付け、現在までに約三六ヘクタールの整備を行ってきている。その中には、古墳群からの出土品を展示している堺市博物館のほか、茶の湯の文化発祥の地・堺として、茶室などの文化教養施設を配置するなど、公園を古墳群と一体のものとして整備し、貴重な古墳群の保存・活用を図っている。さらに、古墳群内の主要古墳を結ぶ路を「百舌鳥三陵周遊路」としてすでに整備し、数多くの来訪者が壮大な古墳に触れ、その文化を身を持って体感している。

・古市古墳群

一　主要個別構成資産の周辺は、都市計画法に基づく第一種低層住居専用地域が多くを占め、これを基礎に個別状況を踏まえて周辺一体の保全に努めていくものとする。

二　地域の特性を活かした良好な景観形成の促進に向け、景観法に基づく景観条例の制定などを進める。

三　本資産の周辺には、国宝や重要文化財を所蔵する誉田八幡宮や道明寺天満宮、道明寺、葛井寺などの古社寺、東高野街道など古墳と一体となった歴史を体感できる街並みが形成されている。これらを考慮したバッファゾーンの設定を検討している。

これらを見ると、古墳でもいくつか従来にない維持管理が模索されていることがわかる。いくつか特徴的なものを指摘すれば、

一　国の直接所有（資産の公有化）を拡大すること

二　保存方法として現状を維持するだけでなく、復元も考慮されていること

三　古墳だけでなく、他の重要な歴史的・文化的な遺産を一体にし、博物館、公園、遊歩道などとして全体整備を行うこと

四　バッファゾーンは都市計画的手法にプラスして景観条例による形態や色彩のコントロールがなされ、なかでも市民の役割がもっとも期待されていること

「古墳群の全体が貴重な価値を持っていることは間違いありません。その全体をうまく活用

していくために、地域の人たちの日常的な清掃活動をはじめ、いろいろなボランティア活動が行われていると聞いています。そのような市民による日常的な保存管理活動が一番大切なことであり、それが欠落するとおそらく世界遺産一覧表への記載も実現し得ないのだろうと思います。そのような人々の日常的な活動が大きな力を生み、世界遺産一覧表への記載へとつながっていくのだろうと思います。」[註6]

「ここまで具体例を挙げながら解説を試みた七つの脅威から、世界遺産となった文化遺産および自然遺産をどのように保護していくかが、第三期に移行した世界遺産条約体制における一番大きな課題だ。そのためには、法律あるいは慣習法に基づいた適切な保護管理計画を組み立て、実施に移していくことが必須である。そこで大きな役割を果たすのが中央政府と地方政府だが、広い意味で地方社会も含まれる。また保護管理計画の実施状況を注意深く観察し、問題があれば指摘する役目を担うNGOさらには広く市民社会の存在は非常に重要だ。従って作業指針には、世界遺産の暫定リスト作成段階から保護管理計画の実施において地方実施団体、地域のコミュニティーNGOおよびその他関係者など幅広い関係者の参加を確保することが重要である、と明記してある。」[註7]

いずれの引用でも市民の役割が強く意識されていることに注意されたい。

また、古墳には絶えず「公開」の問題が付きまとう。世界遺産になれば公開の要望はさらに強くなるであろう。これについて「陵墓も含めて文化財の公開の理想と現実というのをもう一度考え直さなければなりません。陵墓公開を要求しておきながら、自分たちの足元の文化財の公開はおろか保全すらおぼつかないというのは、筋が通らないことであろうと思います」[註8]

という指摘も参考になる。

維持管理論の展望

ここまで見てきたように世界遺産の維持管理は、当初の文化庁と文化財保護法による一元的な体制から始まった。しかし、世界遺産の変化とともに、①文化庁だけでなく各省庁の共管に変化し、そして②国から自治体へという垂直的なシステムから次第に自治体に、③自治体も一つの自治体で完結するのではなく複数の自治体間の横の連携に、さらには④国や自治体という公的なセクターだけでなく、企業や市民の参加といった多元的なものに変化していることがわかる。これに応じて維持管理システムも、法律レベルでいうと文化財保護法から森林法、港湾法あるいは景観法、都市計画法などに拡大し、さらに「法律」だけなく、「景観条例」に見られるように自治体の条例が加えられてきた。

さらに言えば、これらのいわば固いルールだけでなく、自治体と企業の協定、自治体と市民の協働作業、もっと言えばそれぞれの自主的活動というような多彩な広がりを見せていることに着目しておきたい。

そしてその維持保全の方法も例の世界遺産の「真正性」と「完全性」の要件を保持しつつも、これを維持するためにこそ、現状凍結的保存だけでなく、ある種の復元を含み、博物館、公園さらには遊歩道の設置というような総合的で、全体的な保存というか創造という領域に入りつつあることを強調しておかなければならないのである。産業遺産、富士山と鎌倉はそのような意味で維持管理論を拡大し、古墳の登場は、天皇家の遺産を市民が守るというような、かつて天皇＝神の時代には想像もつかなかったようないかにも「現代的」な領域に入ったということを告げているのである。

［註1］世界遺産条約はこの原則にもとづいて各国政府に保護管理策を委ねた。なお、維持管理については、「世界遺産条約履行のための作業指針（文化庁訳）」で、

「保護管理

九七、世界遺産一覧表に登録されているすべての資産は、適切な長期的立法措置、規制措置、制度的措置、及び／又は伝統的手法により確実な保護管理が担保されていなければならない。その際、適切な保護範囲（境界）の設定を行うべきである。

緩衝地帯

一〇三、資産を適切に保全するために必要な場合は、適切に緩衝地帯（バッファゾーン）を設定すること。

管理体制

一〇八、各登録推薦資産には、資産の顕著な普遍的価値をどのように保全すべきか（参加型手法を用いることが望ましい）について明示した適切な管理計画の策定又は管理体制（管理計画はないが管理体制は存在するという場合は、管理体制について文書で説明する必要がある）の設置を行うこと」としている。

[註2] 港湾法は、一九五〇年に制定された「環境の保全に配慮しつつ、港湾の秩序ある整備と適正な運営を図るとともに、航路を開発し、及び保全することを目的とする」（一条）法律である。同法は、重要港湾等については「港湾管理者は、港湾の開発、利用及び保全並びに港湾に隣接する地域の保全に関する政令で定める事項に関する計画（港湾計画）を定めなければならない」、として港湾に隣接する地域の土地利用のコントロール権限を有しているとしているが、それはあくまでも港湾としての機能維持のためのものであって、世界遺産の保護のためのものではない。総じてこれら関連法を使う（援用する）場合には、これら関連法の限界に着目する必要があるが、同時に、そもそも世界遺産的観点を視野に入れた法改正が検討されるべきであろう。

[註3] 五十嵐敬喜「富士山法の制定へ」（『別冊ビオシティ　富士山、世界遺産へ』二〇一二年、創刊号）

[註4] 陵墓とは、宮内庁が管理している天皇および皇族の墓地である。皇室典範第二七条によれば、「天皇、皇后、太皇太后及び皇太后を葬る所を陵、その他の皇族を葬る所を墓」と言う。これらの他にも、宮内庁が現在管理しているものには、分骨所・火葬塚・灰塚など陵に準ずるもの、髪・歯・爪などを納めた髪歯爪塔などの一種の供養塔、被葬者を確定できないが皇族の墓所の可能性がある陵墓参考地などがあり、一般にはこれらを総称して陵墓と言う。宮内庁管理の陵墓は、北は山形県から南は鹿児島県まで一都二府三〇県にわたって存在しており、「陵一八七、墓五五一のほか、これに準ずるもの（分骨所・火葬塚・灰塚）四二、髪歯爪塔など六八、陵墓参考地四六があり、総計八九四に及ぶ。同域のものもあるので四五六箇所となる。」（宮内庁ホームページ）

[註5] 堺市建築都市局長は、「景観計画の策定、景観条例の改正について言うと、景観計画は重点地区を定めるということである。例えば、色彩などを整えるということ。建物高さについては、緩衝地帯については現在の第一種低層住居専用地域で絶対高さ一〇メートルの規制、風致地区で絶対高さ一五メートルの規制、マネジメントゾーンといわれる部分については高度利用地区を活用していくという考え方であり、景観計画だけですべてに対応できるわけではない」と述べている（「第二回世界文化遺産推進本部会議議事要旨」堺市ホームページ）。

[註6] 本中眞・文化庁記念物課主任文化財調査官「百舌鳥・古市古墳群の世界遺産一覧表への記載をめざして」、シンポジウム「百舌鳥・古市古墳群の世界遺産登録をめざして～世界遺産とまちづくり」（二〇〇九年一一月一五日、百舌鳥・古市古墳群世界遺産登録推進府市合同会議主催）講演記録より。

[註7] 松浦晃一郎『世界遺産　ユネスコ事務局長は訴える』講談社、二〇〇八年

[註8] 後藤真「陵墓公開問題のこれから」「陵墓限定公開」三〇周年記念シンポジウム実行委員会編『「陵墓」を考える 陵墓公開運動の三〇年』新泉社、二〇一二年

百舌鳥・古市古墳群の世界遺産登録に向けた取り組み

西 和彦

世界遺産という枠組みは、一九七二年に条約が発足してから四〇年の歳月を数えた。この原稿を書いている時点（二〇一二年末）では、条約への参加国は一九〇か国に達し、世界のほとんどの国が参加しているといっても過言ではないまでに成長した。一方、我が国が条約に参画したのは二〇年遅れの一九九二年であり、条約の歴史のちょうど半分、二〇年の歴史を重ねている。

現在、我が国の登録資産は既に一六件（文化遺産は一二件）あるが、さらに暫定リストに掲載されている文化遺産が一三件あり【表1】、百舌鳥・古市古墳群もその一つである。

本資産が暫定リストに加えられたのは平成二二年のことで、文化庁が暫定リスト掲載候補を自治体に対して公募し、選定したものである。公募は平成一八年度、一九年度の二回にわたって行われたが、百舌鳥・古市古墳群については二回目に応募され、世界遺産特別委員会及び傘

にしかずひこ
一九六八年東京都生まれ。文化庁記念物課世界文化遺産室文化財調査官。平成八年より文化庁において建造物の保存や世界遺産に携わる。国際文化財保存修復研究センター（ICCROM）プロジェクトマネージャ等を経て平成二三年四月より現職。

下のワーキンググループでの議論を経て、暫定リストへの掲載が妥当とされたものである。しかしながら、委員会の報告では、本資産については直ちに暫定リストに記載するのではなく、「暫定一覧表には、世界遺産の評価・管理等に関する課題が整理できた段階で記載」との但し書きがつけられた。この課題に一定の方向性が示されたことから、最終的に暫定リストに掲載されたものである。

百舌鳥・古市古墳群の世界遺産としての特質

さて、百舌鳥・古市古墳群を世界遺産への推薦という側面から見たときの、その長所と課題を整理してみたい。まず、価値の観点からの最大の長所は、なんと言っても資産の「顕著さ(significance)」が明確なことであろう。前方後円墳という形式は国外ではほとんど見られず、また仁徳天皇陵古墳をはじめとする「超」巨大古墳群が顕著な事例であることは疑うべくもない。無論、その価値は大きさのみにあるわけではないが、世界遺産に推薦される資産の価値の観点が細分化され、様々な説明を付加して初めてその「世界的な」意義を認識できる資産が増えているなかでは、このようなわかりやすい資産が残っていること自体がほとんど奇跡のように思われる。言わば、その解釈を超えた素晴らしさが、百舌鳥・古市古墳群の最大の特徴であることは疑いない。

一方で、その巨大さに目を奪われることなく、さらに細部を考えようとすると、古墳に関す

平成4年
①「古都鎌倉の寺院・神社ほか」（神奈川県）
②「彦根城」（滋賀県）

平成19年
③「富岡製糸場と絹産業遺産群」（群馬県）
④「富士山」（静岡県・山梨県）
⑤「飛鳥・藤原の宮都とその関連資産群」（奈良県）
⑥「長崎の教会群とキリスト教関連遺産」（長崎県）
⑦「国立西洋美術館（本館）」（東京都）

平成21年
⑧「北海道・北東北を中心とした縄文遺跡群」（北海道・青森県・岩手県・秋田県）
⑨「九州・山口の近代化産業遺産群」（福岡県・佐賀県・長崎県・熊本県・鹿児島県・山口県）
⑩「宗像・沖ノ島と関連遺産群」（福岡県）

平成22年
⑪「金を中心とする佐渡鉱山の遺産群」（新潟県）
⑫「百舌鳥・古市古墳群」（大阪府）

平成24年
⑬平泉—仏国土（浄土）を表す建築・庭園及び考古学的遺跡群—（拡張）（岩手県）

表1：我が国の暫定一覧表記載物件
年号は記載年。なお、所在都道府県及び名称については、掲載時のものであり、推薦準備の過程で変更されていることがあることに留意されたい。

日本最大の古墳・仁徳天皇陵古墳（堺市）

る謎の多さに改めて気づかされる。前方後円墳はなぜあのような形をしているのか、前方部と後方部の機能は何か、主墳と陪塚はいかなる関係があるのか、といった問いに対し、様々な研究が積み重ねられているものの、統一した見解は得られていない。古墳については門外漢である筆者がこの資産に関わるようになって、予想以上に様々な知見が積み重ねられているという印象を受けたのも事実であるが、一方でまだまだ分からないことも多い。

世界遺産の推薦書は狭義の学術論文ではないが、少なくとも事実と認識されていることと、「解釈」を峻別するという意味での学術的厳密さは欠くことができない。推薦資産としての価値の主張をまとめあげる段階では、その特質に関する様々な見解・議論を十分に踏まえた上で、分かっていることと分からないことを明確に峻別して記述していく必要があろう。

保存管理についての課題

また、世界遺産の推薦書においては、「価値の主張」と「十全な保護・管理が行われていることの説明」は欠くことのできない両輪である。公募時に世界遺産特別委員会より提出された「課題」の中心が、事実上文化財指定が困難である陵墓及び陵墓参考地をどのように説明していくかという点であることは言うまでもない。恐らく、現状の宮内庁による保護・管理が、文化遺産としての観点からも、不十分であると主張する人はあまりいないと思われる。むしろ、課題の核心は、その保護・管理の現状を管理計画などの形できちんと説明できるかにかかっている。

よく言われるように、世界遺産で要件とされる国内的保護は、文化財保護法の適用に限られるとは、条約、作業指針のいずれにも書かれていない。それは、国によってそれぞれのシステムが異なり、責任主体も異なるからであって、文化遺産としての保護が十分な裏付けをもって担保されていればよいのである。しかし、しばしば誤解されるように、なにがしかの法律が適用されて、その管理下にあればよいということではない。精緻な法令システムを有する我が国にあっては、ほぼ全てのものに何らかの法令が関わっているのであって、「コントロールされている」というだけであれば、いかようにも説明可能である。しかしながら、それが「文化遺産の保護」の観点から（少なくとも、様々な観点の中で高い優先順位をもって）十全に管理されていることが重要であり、その説明が必須であると考えるべきである。繰り返しになるが、現状の古墳の管理が不十分であるとは考えがたく、要はその管理の詳細、体制、そして関わる様々な関係者間の連携のあり方を明確に示す必要があるというのが、我々が取り組むべき課題である。

また、文化財指定以外の保護策で説明しようとしている古墳についての課題は、このことだけではなく、むしろその周辺部にある。多くの事例で墳丘自体は宮内庁管理であるが、管理主体が異なる周濠あるいは周堤の法的管理体制をどのように説明するかについて、現在検討が行われている。文化財指定が望ましいことは言うまでもないが、価値の核心たる墳丘を除いた周辺部だけを指定することが困難であることは言うまでもない。さらに、現在見えている周濠・周堤の外側、すなわち、かつては古墳の一部であった土地で、現在では宅地開発等がなさ

仁徳天皇陵古墳に続き、第２位の大きさを誇る応神天皇陵古墳（羽曳野市）

第３位の大きさをもつ履中天皇陵古墳（堺市）

れている場所をどのように考えるかについても、明確な整理が必要である。

周辺環境の保全

さらに、古墳の周辺環境をどのように保全していくのか、という課題もある。資産の周辺は大阪近郊にあって、すでに都市化がかなり進んでいる。ほとんどの場所で周濠のすぐ脇に住宅が建ち並んでいて、古墳は一種の都市公園的な様相を見せている。こうした中で、世界遺産に要求される緩衝地帯（バッファゾーン）をどのように説明するのか、またその前提としての規制をどう考えるのかも、難しい問題である。その難しさは恐らく、古墳の周辺に必要とされる環境とはそもそもどのようなものなのかという問いと、そのための規制の導入の難しさ、の両面による。

例えば、古墳はどちらから「見る」ように作られたものなのかについては、その立地条件から一定の解釈は成り立つが、特定の方向は無視してよいと言い切れるほど、確固たるものにはなり得ない。従って、一定の視点場は想定しつつも、同時に面的な規制を考慮せざるを得ない状況にある。本資産に含まれる古墳の周囲は低層住居地域が多いため、高層建築が建つリスクは比較的少ないと言えるが、一部については現状でも高層建築が建っており、そうした現状を踏まえつつ、世界遺産としての周辺環境のあり方を広く共有し、長期的な視点のもと改善を図っていく必要がある。

百舌鳥・古市古墳群は、狭い意味での「地域密着型」の資産ではない。しかしながら、それは地域のサポートを必要としないということを意味しないし、実際、長い歴史の中で、地元の人々の生活と共存しているように見受けられる。世界遺産は、ある意味ではそうした資産の有り様を、具体的には緩衝地帯の設定という形で、浮かび上がらせてくるものであるとも言えるだろう。

＊

現在、我が国で準備が進められている世界遺産の候補資産は、いずれも魅力も大きければ同時に課題もあるという点で共通しているが、百舌鳥・古市古墳群はその両面性が際立っている資産である。世界遺産の取り組みは、その注目度の高さと厳しい審査から、ややもすると袋小路に迷い込みがちであるが、資産のもつ魅力を忘れずに、一つひとつ課題をクリアしながら準備を進めることが肝要と考えている。（なお、本稿のうち意見にあたる部分は筆者の個人的見解であることを念のため申し添えたい。）

座談会

「世界遺産に向けた地元自治体の課題」

白形俊明（羽曳野市市長公室政策推進課世界文化遺産推進室）
藤田茂行（藤井寺市総務部政策推進課世界遺産登録推進室長）
宮前　誠（堺市文化観光局世界文化遺産推進室室長）

地元の市民にとって古墳は当たり前

宮前　市外から百舌鳥・古市古墳群に来られた方は、墳丘の長さが一〇〇メートルぐらいの古墳を見ても「すごく大きい古墳ですよね」と言いますが、堺市や藤井寺市、羽曳野市に住む人は、墳丘の長さが四〇〇メートルを超える仁徳天皇陵や応神天皇陵の巨大さに慣れていますから、それほど巨大だとは思いませんし、そこになかなか価値を見出せません。

また、古墳の外周をぐるっと回っただけでは、木が生えている山にしか見えませんから、それほど素晴らしいものを見たという実感は湧きません。世界的に有名な墳墓、例えばエジプトのクフ王のピラミッドや中国の秦の始皇帝陵に行ったら、たぶんそれだけで感動します。そういう面では、ちょっとやりにくいところがあります。

右より、白形、宮前、藤田各氏。

しかし、日本全国に二〇万基もあると言われる古墳の頂点が私たちの地域にあるのだということを、地元の市民や大阪府民に認識していただかないと、世界遺産への気運はなかなか盛り上がりません。市民が、古墳は素晴らしいものだということを知り、情報発信してくれることが重要です。百人の市民、千人の市民が一人ずつ自慢してくれた方が、行政がコマーシャルを打つよりもはるかに効果が大きいはずです。

藤田　市民に古墳を知っていただくには、古墳の周りを説明しながら歩いたり、健康づくりにも役立つような古墳を見て歩くためのウォーキングコースを作ったり、学習会を開いたりと、地道にやっていくしかないと思います。

また、子どものときから、「地元には世界に冠たる古墳があるんやで」と教えていくことも必要なので、藤井寺市では古墳のテキストなどを作り、小学校で学習する時間を設けてもらっています。

動き始めている市民の活動

宮前　世界遺産登録に向けて、市民の方々の活動が、徐々にではありますが活発になってきています。

堺市は、室町時代後半から江戸時代初期にかけて貿易都市として、また自治都市として繁栄しました。その跡が堺環濠都市遺跡になっていることもあり、中世・近世・近代の歴史を学ぶ市民の勉強会があります。これらの方々は当時の自由都市・堺で指導的な役割を担っていた会合衆をイメージし、積極的に堺市のまちづくりを担っていこうという活動をしています。世界遺産の話が出てきたことで、最近は、そうした場でも古墳も含めた学びが始まっています。

また、仁徳天皇陵やその周りの清掃活動をしている方たちもいます。最初は地元や個々の団体がそれぞれ行っていた清掃活動でしたが、一斉に清掃しようということになりました。一斉の清掃活動は年に二回ですが、賛同者も増え、三百人くらいが集まっています。その他の古墳でも清掃活動をしている団体があります。

白形　羽曳野市には、「フィールドミュージアムトーク史遊会」という古墳の意味や価値を広める活動を非常に熱心に行っている市民団体があります。以前から南河内の郷土史グループと

「仁徳陵をまもり隊」の清掃活動

して自主的に地元の歴史を勉強したり、講座などを開いてきた三〇人くらいの団体ですが、最近は世界遺産登録の活動を受けて、古墳を中心にしてフォーラムをいろいろな所で開いています。生涯学習の講座やヤマトタケルのミュージカルの上演をするなど、これまで興味のなかった方に興味を持ってもらおうと非常に活発に活動しています。

また、羽曳野市と藤井寺市では世界遺産に関する連絡会議を作り、年に一度、古墳をめぐりながら清掃活動を行う「古市古墳群ウォーク＆クリーン」というイベントを始めていますが、ここにも積極的に参加をしてくれています。藤井寺市の観光ボランティアなどとも連携して、「四十四《しとよ》の会」というのを作っています。世界遺産の提案書に掲載した古市古墳群の古墳が四十四基あるので「四十四の会」と名付けたそうです。

藤田　藤井寺市では、現在、観光ボランティアが五〇～六〇人おられます。古墳を含む町の文化財のガイドや、古墳の写真の展示をされているほか、学校で世界遺産学習のフィールドワークをする時やウォーキングの時にも協力していただいていますが、その活動は年一五〇日を超えるなど、活発にされているそうです。

観光ボランティアの人数は、世界遺産登録が話題になってからだんだん増えています。「世界遺産登録に向けて」という気持ちが、「観光ボランティアになろう」というふうにつながってきているのだと思います。少しずつかもしれませんが、多くの人が古墳を意識するようになってきているのは間違いありません。

古墳を実感するためのアプローチ

宮前　ただ、私たちが市民に「古墳を知ってほしい」と思っても、現状では一部の古墳を除き、市民は古墳のなかには入れません。

藤田　古墳には宮内庁が管理しているものと、市などの自治体が管理しているものがあります。宮内庁が管理する古墳の場合、古墳の周囲は、公園になっていたりマンションが建っていたりさまざまですが、古墳そのものは柵をして、そのなかには一切入れないようになっています。

宮前　百舌鳥・古市古墳群では、墳丘の長さが二〇〇メートル以上の大きな古墳は陵墓か陵墓参考地に指定されています。しかし、墳丘と周濠すべてを宮内庁が管理しているものもあれば、墳丘やその一部だけを宮内庁が管理し、それ以外の部分は自治体が管理しているものも少なくありません。

また、宮内庁の管理している範囲も、まったく立入りができないわけではありません。さきほどお話しした仁徳天皇陵古墳の清掃活動の場合は、宮内庁の許可を得て、地元や高校生などが外側の堤に入ってごみ拾いをしています。また、学術的な調査の場合には宮内庁が立入りを許可することがあると聞いています。

話がちょっと逸れますが、古墳ができた当時は、今のように木が生えていたわけではありません。それが長い年月を経て変化し、後世には周辺住民が、例えば濠の水は用水として使っていたし、木は薪として使っていた時代もあります。そうやって地域の人たちが守ってきたわけです。公が管理してきただけでなく、周辺の住民がみんなの力で管理をしていたという歴史が

三ツ塚古墳と八島塚古墳（藤井寺市）

赤面山古墳（藤井寺市）

七観音古墳（堺市）

源右衛門山古墳（堺市）

あることもアピールするべきだと思っています。

白形　現在は陵墓としてフェンスで囲まれている古墳であっても、かつては、薪を取りに入ったり、ワラビを採りに入ったりとかなり自由に入ることができた時期がありました。いわば地域のなかの共有地としてあったのです。歴史的にはその時代が長かったこともあり、地元に代々住んでいる方はそちらの記憶の方が強いようです。

宮前　史跡として市が管理している古墳については、登れるようにしたり、一五〇〇年前の姿に復元して見ていただくことも必要だと思います。

また、古墳の大きさを実感できないので、全体を見渡したいという声もよく聞きます。しかし一方では、天皇のお墓を見下ろすことについて否定的な意見もあり、それは尊重しなければなりませんが、古墳の大きさを自分で見て実感したいと思えば、上から見るしかないのも事実です。そのため、堺市では、映像などであたかも見たかのような疑似体験ができる施設の整備を検討しています。

白形　地元の人から古墳の説明を聞くことで、興味が湧いたり理解できることもあるはずです。だからＮＰＯやボランティアの方々の活躍が重要になってくるのだろうと思いますが、だからといって、常にボランティアがいて説明できるかというと、それもなかなか難しい。

バッファゾーンの難しさ

藤田　これまでは市では、寺社などの史跡と同じように文化財として古墳を捉え、その保護に取り組んできました。しかし、古墳を意識したまちづくりに正面から取り組もうという意識は薄かったと思います。むしろ、世界遺産を目指すことで、バッファゾーンなど新たな課題が出てきたために、古墳を含めたまちづくりを考えていくことになったと思います。

宮前　堺市もそうです。工業都市として発展してきた堺市の課題の一つは住工混在、つまり工場と住居が近接しているため、騒音などの問題をどうすべきかでした。あるいは、臨海部にある大きな工場やコンビナートと、内陸部にある中小企業などとをスムーズに結び付けるための都市計画や道路整備などだったと思います。

従来の産業構造が変化するなかで、今、市が新たに力を入れようとしていることの一つに文化と観光があります。その観点から堺環濠都市遺跡や古墳がクローズアップされ、世界遺産登録の話が出てきたという側面もあると思います。

白形　今までも、古墳を守るという意味でのまちづくりは実践できているのだと思います。ただ、昭和四〇年代以降、たくさんの人が移り住み、市街化が進んでくるなかで、人々の暮らしとの整合性を図る意味から中心市街地に高い建物を認め、それが現在の町の姿になっています。世界遺産登録を目指すなかで、建物の高さ制限を考えなければならなくなって、さあどうしようかというところです。

宮前　世界遺産では資産の守り方の一つとしてバッファゾーンを設定しなければなりません

が、実は堺市では墳丘の長さが二〇〇メートルを超えるような巨大古墳の周りは昭和一五年に風致地区、昭和四八年に現在の第一種低層住居専用地域にあたる用途地域に指定して、一〇～一五メートルを超える建物は建てられないように制限するなど、良好な住宅地として守ってきました。当時はまだ古墳の周りには多くの田畑が残っていましたが、そのころからおそらく古墳を意識していたのだと思います。

ところが、最近の世界遺産の保全の世界的な動向では、これまで以上に広い地域も一定の高さ制限をするべきだという考え方になってきています。一〇メートルとか一五メートルまでは厳しくしなくても、例えば高さ一〇〇メートルといった建物は似つかわしくない、一五階建てや二〇階建ての建物は抑制しようというのが基本的な考え方です。

その考えに沿った場合、例えば今まで高さ一〇〇メートルの建物が建てられたのに、ある時点から三〇メートルまでしか建てられませんという制限がかかるわけです。それを市民の方に理解してもらえるかが最大の課題です。古墳のすぐ近くに住んでいる人は、賛成する方が多いかもしれませんが、古墳から二〇〇メートルも離れた所に住んでいる人に「今後は高い建物は建てられない」と言っても、理解していただくのは難しいかもしれません。

さらに、百舌鳥古墳群も古市古墳群も、四キロメートル四方に四〇基以上の古墳があります。古墳と古墳の間が三〇〇メートルあったとしても、両方の古墳から一〇〇メートルの範囲に制限をかければ、かなりの範囲が対象になります。このことに対して、いろいろな意見が出てくるのは当然で、それが一番難しい問題だと思います。

古墳の保全と市民の暮らし

藤田　藤井寺市は、堺市に比べれば高層ビルはないといっていいくらいですが、それでも古墳の周囲の建物の高さを制限すれば、不適格な建物が出てくるはずです。また、ある方向から見るとそれほど景観を乱していると思えなくても、別の方向から見ると、家の高さが違うし色も違う。電線やいろいろな看板がある。「これは美しくない」と言われるようなところもあると思います。急に変えることはできませんが、古墳や緑との共存という考えに基づいて、建物の高さ制限や色調も含めた景観について考えていかなければなりません。

とはいえ、今まで認めていたことを制限しなければいけないのは非常に厳しい。私たちの立場は調整役としていろいろな意見を聞き、なにより市民の理解を得ながら古墳を守り、それと同時に市民の豊かな暮らしを実現するために取り組んでいかなければいけないと思っています。

宮前　例えば、道路を隔てて一方がバッファゾーンで、向かい側はバッファゾーンの外だとすると、古墳側には超高層の建物が建てられませんが、反対側は建てられるということになります。そのことを納得していただくには、まちづくりとしてしっかりした理論構築が必要ですし、なぜバッファゾーンの境界がそこなのかということもきっちり伝えなければいけません。理解していただくためには、しっかりと市民と向き合うことが必要だと思っています。逆に、そうしたまちづくりなしに世界遺産登録も古墳の保全もないのだろうと思います。

このように開発の進んだ大都市のなかの世界遺産は、世界にもあまり例がありません。日本にある一六か所の世界遺産でも、京都は都会ですが、世界遺産登録よりもずっと前から「古都保存法」などによって一定の高さ制限がかけられてきました。奈良も鎌倉もそうです。

しかし、百舌鳥・古市古墳群は、大阪という大都市圏にある遺産ですから、そうした歴史的な都市とは違い、これまで超高層の建物を認めてきた地域です。大阪市のように三〇〇メートルのビルをはじめ超高層ビルが林立する街からわずか十数キロメートル離れた場所で、建築物の高さ制限をかけることが妥当なのかどうか。それについては、海外でも同様の問題が発生しており、ユネスコなどを中心に議論されていると聞いています。

資産は守らなければいけないし、その資産の周辺に住んでいる人たちの暮らしも守っていかなければならない。その整合性をどう取っていくのかという議論は簡単ではありません。

古墳と調和する町並みとは

白形　世界遺産になるといろいろな人が来ますよという話も、住んでいる人にとってはどちらかというと迷惑な話ですから、そこも理解してもらわないといけません。観光客の捨てるごみだけが大量に残るということだけは、避けなければならないと思っています。

宮前　先に登録された事例を見ても、ごみ、騒音、道路の渋滞、プライバシーの問題についての心配はあります。古墳群のある場所は今までは観光地ではありません。そういう場所に自家用車や観光バスが入ってくると、それだけで渋滞しますし、騒音も出るはずです。あらかじめできるだけ公共交通の利用を促進させ、自家用車や観光バスの乗り入れを制限するといった方策は考えておかなければいけないと思います。

藤田　堺市であれば宿泊施設もあるし、観光客にとって魅力的な商業施設などもありますが、藤井寺市や羽曳野市にはそういった施設はありません。観光客に来てもらうことで地域の商工業が発達するというイメージではないと思います。

そうしたなかで、市民に世界遺産に登録したいと思ってもらうためには、観光とは少し違う思いがなければいけないと思います。単に利益だけを目的に世界遺産登録を目指しているのではなく、例えば「藤井寺に古墳という世界に誇れる良いところがある」といった市民の誇りや郷土愛であったり、市のシンボルとしての意味ではないかと思うわけです。

白形　日本はこれから超高齢化・少子化が進み、人口が減り始めてきます。今後はいろいろな意義のあることをしていかないと、なかなか私たちの市に住んでもらえなくなることも考慮しなければなりません。「選ばれる町」になるにはいろいろな要素がありますが、私は、古墳の緑や歴史もその大切な要素になると思います。

その意味からも、羽曳野市を訪れた方々が気持ち良く過ごせるようなまちづくりを目指したいと思いますし、さらには、羽曳野市に住んでみたい、住み続けたいと思ってもらえるようなまちづくりをしていかなければなりません。

藤田　いま、どこの市町村でも子育てがしやすいとか、高齢者に優しいといった施策を打ち出して、必死に定住策を進めています。そのなかにあって、世界遺産になる資産があるというのは恵まれています。

京都や奈良とは違う大阪らしいまちづくりを

白形　高度成長期は一気に開発が進みましたが、徐々に開発側も文化財保護の側も歩み寄るようになり、両者をどう調和させるのかを考える段階になってきました。日本で景観法ができたのは二〇〇四年ですから、ようやくそういうところにも目が届きだしたということなのだろうと思います。

羽曳野市も世界遺産をきっかけに、景観法に基づいた町並みづくりを考えていこうとしています。しかし、古墳時代の風景に戻すことはできませんから、古墳を見に来られた方が違和感を持たない町並みとは何かということから考えていくしかありません。

高層建築物については、さまざまな意見がありますが、一般的に見たときには、古墳の周りに高層の建物があったり、大きな工場があったり、派手な看板などがあると違和感があるでしょう。やはり低層の落ち着きのある住宅地でなければ古墳とは調和しないのではないかと思っています。

また、今のところ高さ制限が議論の中心ですが、今後は看板や電線など町並み全体の景観をどう整えていくかも考える必要があります。羽曳野市の場合は、古市が中心市街地なので、中心市街地としての魅力も欲しいし、古墳周辺としての町並みの魅力も欲しい。そのバランスを取るのは容易ではないと思います。古墳と調和した町並みになるには、都市計画や景観法で一定の制限をかけても何十年かはかかります。それでも、やっていかざるを得ない時代になっているのだと思います。

宮前　京都や奈良のように、誰もが抱く共通のイメージがあれば、町並みのあるべき姿が共有できると思いますが、この三市にはそういったものはほとんどありませんので、古墳に相応しい町並みとはどういったものかを考えるところから始めねばならないという難しさがありますね。

白形　大阪の町はもともと雑然とした町並みですから、これからも京都、奈良、鎌倉のような古都とは違う方向のまちづくりになると思います。最終的にはおそらく、住んでいる人にとっても落ち着いた、住みやすい町にしていくことになるのだと思いますが、時間がかかります。もう少し落ち着いた色の壁にしましょう、建物の高さもここまでにしましょう、家の形もこんなふうにしましょうと言っても、実際にできるのは建て替えるときですからずいぶん先です。まだ時間はあるのでしっかりしたものを考えていきたいですね。

世界遺産への登録は一つの通過点

宮前　世界遺産の登録までにはいろいろな課題がありますが、私がもっとも必要だと思うのは、やはり住民や企業の理解と、登録して遺産を守っていこうという気運の醸成です。

バッファゾーンにしてもまちづくりにしても、最終的には住民がどういった町を望んでいるのか。住民の思いとかけ離れたところでまちづくりはできません。周遊路を整備するにしても、来訪者だけのものであれば、住民にとっては迷惑なものになってしまいます。しかし、例えばベンチを作って、来訪者とのふれあいの場や地域の方々の井戸端会議にも使えるのなら、理解が得られると思います。これは一例ですが、そうしたことを意識しながら今後の計画を作っていきたいと思います。

「本当に世界遺産になれるのか」とよく聞かれるのですが、その点は間違いないと確信しています。ただし、世界遺産への登録は一つの通過点であって終わりではありません。むしろ、世界遺産登録は出発点です。このことを心して、深く長くまちづくりに取り組んでいかなければならないと思います。

古墳基礎知識

古墳とは何か?

古墳は三世紀の中ごろから八世紀の初めにかけて造られた盛土のある墓のことです。その種類は形から、円墳、方墳、前方後円墳、前方後方墳などがあります。円墳は文字通り丸い形で直径数メートルのものから最大級では一〇〇メートル、方墳は四角形で最大級のものは一辺が七〇メートル、前方後円墳は円墳と方墳を組み合わせた鍵穴形です。また、方墳を二つ組み合わせたような前方後方墳があります。

日本で最初に造られた前方後円墳は、奈良県桜井市にある三世紀中ごろとされる箸墓《はしはか》古墳で、現状の墳丘の長さは二七六メートル、後円部の径は一五六メートル、後円部の高さは二六メートルです。

また、最大の前方後円墳は仁徳天皇陵古墳(大仙陵古墳)で、現状の墳丘の長さは四八六メートル、後円部の径は二四九メートル、後円部の高さは三六メートルあります。濠《ほり》の水位が現在ほど高くなかったと考えられることから、築造時の墳丘長は五〇〇メートルを超えていたとみられています。江戸時代の書物には、仁徳天皇陵古墳を紹介した古文書や絵図が数多くあります。

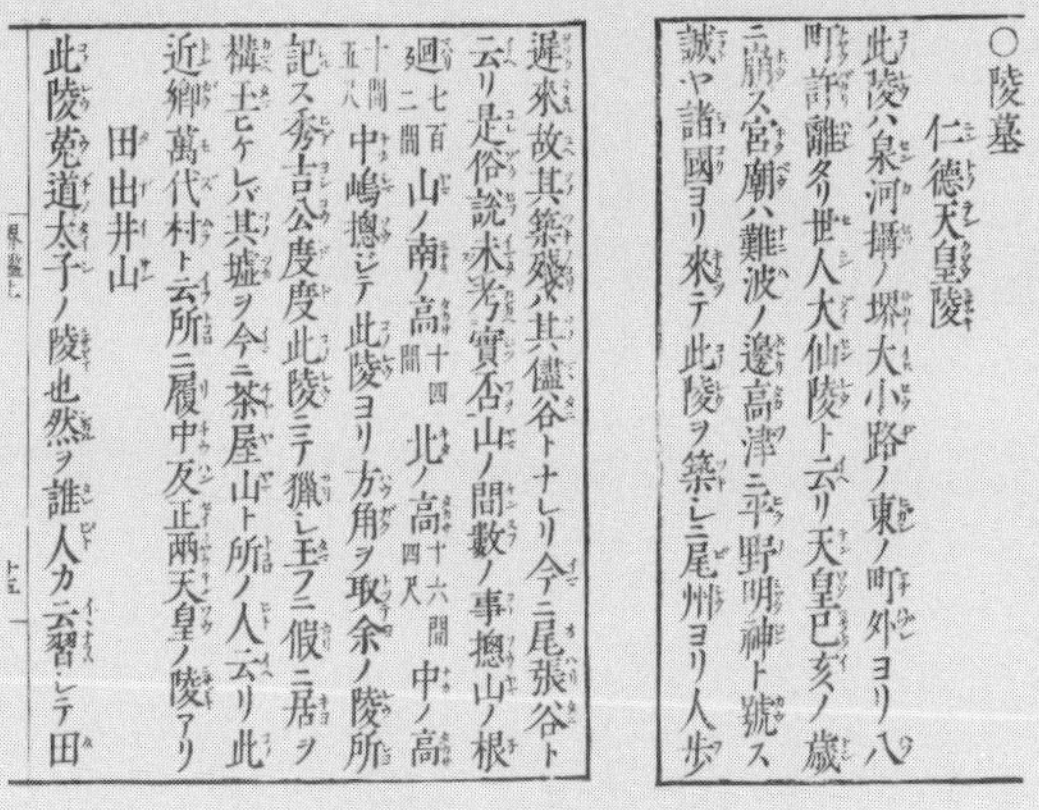

○陵墓
仁徳天皇陵
此陵ハ泉河摂ノ堺大小路ノ東ノ町外ヨリ八町許離タリ世人大仙陵ト云リ天皇巳亥ノ歳ニ崩ス宮廟ハ難波ノ邊高津ニ平野明神ト號ス誠ヤ諸國ヨリ來テ此陵ヲ築シニ尾州ヨリ人歩遅來故其築殘ハ其儘谷トナレリ今ニ尾張谷ト云リ是俗説未考實否山ノ間數ノ事惣山ノ根廻七百二間 山ノ南ノ高十四間 北ノ高十六間四尺 中ノ高十間五八 中嶋惣ジテ此陵ヨリ方角ヲ取余ノ陵所記ス秀吉公度度此陵ニテ猟シ玉フニ假ニ居ヲ構玉ヒケレバ其墟ヲ今ニ茶屋山ト所ノ人云リ此近郷萬代村ト云所ニ履中反正兩天皇ノ陵アリ
田出井山
此陵菟道太子ノ陵也然ヲ誰人カ云習シテ田

堺市の地誌『堺鑑』（財団法人小谷城郷土館所蔵）より

仁徳帝　百舌鳥耳原中陵「荒蕪」図
（国立公文書館内閣文庫所蔵『御陵画貼』所収）

古墳はいくつあるのか？

古墳は一基、二基と数えます。古墳は日本全国で一六万基以上確認されており、多くは円墳です。そのうち前方後円墳が約四七〇〇基、前方後方墳が約五〇〇基です。

前方後円墳をはじめ一部の古墳では、墳丘部を中心としてその周囲に濠や堤を伴うものがあります。さらにその外側に陪塚《ばいづか》（陪冢）と呼ばれる中小の古墳を従えるものもあります。陪塚とは中心になる古墳の付属施設のようなもの、あるいは近親者や被葬者に仕えた人を埋葬したものと考えられています。

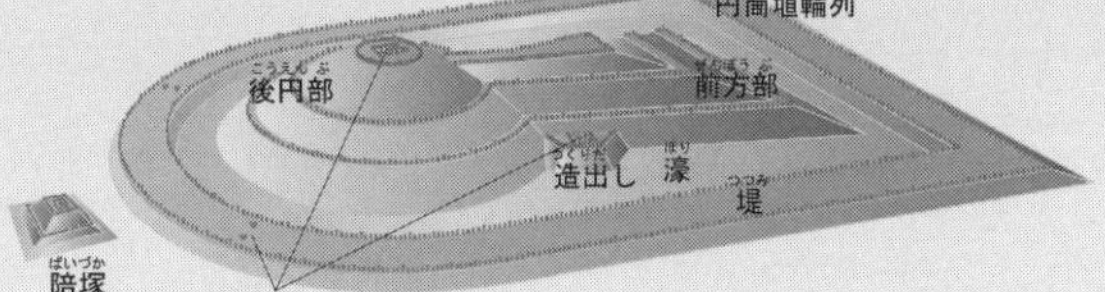

古墳は何のために造られたのか？

古墳は遺体を埋葬するためのものですが、それだけではなく、大きくすることで権力の大きさを示しました。法律などが整備されていなかった時代には、目で見て権力を示すことのできる巨大記念物を統治に利用した事例は世界中で見られます。日本の古墳は形と大きさの違いで政治的な身分秩序を表現したと考えられています。しかし、巨大記念物と呼ぶにふさわしい巨大前方後円墳を頂点として、政治的な身分秩序を墳墓に投影するということは世界中を見ても例はありません。

古墳には誰が葬られているのか？

日本の古墳からは被葬者を特定する副葬品などが出土していないため、物証によって被葬者が判明した墳墓はありません。ただし、わずかではありますが考古学的に築造時期、規模、立地などから、被葬者を推定できるものもあります。

たとえば、奈良県明日香村の石舞台古墳は蘇我馬子《そがのうまこ》の墓と考える説が有力です。同じく明日香村の天武・持統天皇陵は、盗掘の記録と八角形の墳形から両天皇の墓であると見られており、福岡県の岩戸山古墳は『風土記』の記載から北九州の豪族、筑紫君磐井《つくしのきみいわい》の墓との説が有力です。

棺は古墳のどこに納めたのか？

前方後円墳では、棺を納めた場所は墳頂部で、後円部の頂部が第一の埋葬施設となります。古墳によってはこの後円部頂に第二、第三の埋葬施設を設けていたり、前方部頂に埋葬施設をもつものなどがあります。

また、墳丘の斜面は河原石や礫石を敷き詰めた葺石《ふきいし》で保護し飾ります。さらに、墳頂部や各段あるいは堤に埴輪を立て並べていたため、完成当時は石の山に垣根のように埴輪が並んでいました。

前方後円墳は、丘陵の尾根を利用し、その方向に合せて造られています。これに対して棺の向きは畿内の古墳の埋葬施設では、南北方向を主軸とする原則があり、これは中国の思想を反映したものではないかと言われています。（都出比呂志『前方後円墳と社会』塙書房、二〇〇五年、四四〇頁：北優位五九例東西優位四三例、近畿地方は圧倒的に北優位）

百舌鳥・古市古墳群が造られたころには南北軸に対するこだわりは薄れているようです。

古墳建造にかかった期間

仁徳天皇陵古墳を手作業による古代の工法で築造した場合、一日最大二千人が従事して、延べ六八〇万人の労力、一五年八か月の年月、現在の金額で七九六億円を要するという試算があります。

古墳はいつから造られなくなったのか?

七世紀の飛鳥時代以降、権威や権力を示すための古墳造りは徐々にみられなくなり、律令が整備されるに及んで巨大記念物で統治をするという古墳の役割は終わりました。それは奈良時代が始まる直前のころです。六世紀末から七世紀初頭に前方後円墳が造られなくなって以降、飛鳥時代にも古墳造りは続きました。その最終段階のものが奈良県明日香村の高松塚古墳です。

前方後円墳の形には意味があるのか?

前方後円墳には、前方後円の形を同じくする、埴輪を立てる、墳丘の斜面を葺石で覆うといった約束事があり、基本的には同じ構造で造られています。ただし、地域によって前方部が長い、埴輪の造り方が違う、棺に地元の石材を使うなどの特色もあります。前方後円墳はよく似たものが韓国の南部にも十数基ありますが、前方後円墳自体は日本で生まれた独特のものです。しかし、前方後円墳の形の意味はわかっていません。ただ、弥生時代に造られていた盛土の墓が大きくなり、形が統一されて前方後円墳が生まれたものであることは間違いありません。

また、前方後円墳という名前は江戸時代の学者の説に基づくもので、天皇陵などでは前方部を正面としていますが、築造当時どちらを正面としたのかはわかっていません。

世界最大級の仁徳天皇陵

仁徳天皇陵の大きさは、墳丘部分だけを比較するとその大きさでクフ王のピラミッド、秦始皇帝陵と肩を並べるものです。

古墳の出土品

古墳の中にはさまざまな品物が副葬されています。古い時期の古墳では鏡や玉、あるいは腕輪を模った石製品が多いのですが、やがて鉄で作った武器武具を大量に副葬するようになり、さらに金銀の装飾を伴うものや土器を大量に副葬するようになります。

七世紀に入ると古墳は次第に小さくなり、副葬品も簡素になります。

陵墓古墳における埋葬施設の情報は断片的にしかわかっていませんが、日葉酢媛命陵《ひばすひめみことりょう》（佐紀陵山古墳、奈良市）、天武・持統天皇陵などの例は知られています。仁徳天皇陵においても一四〇年前に見つかった例があります。一八七二（明治五）年、管理にあたっていた堺県（当時）が御陵の清掃を進めていたところ、前方部前面中段において竪穴式石槨と組合式石棺、副葬品が見つかったのです。

組合式石棺は長持形石棺で、別名王者の棺とも呼ばれます。副葬品の銅製金メッキの甲冑《かっちゅう》は類例の非常に少ない、実用品ではないきらびやかなものでした。文字の記録にはガラスの碗と皿がありました。これも国内では奈良県で一例知られるのみでたいへん貴重なものです。

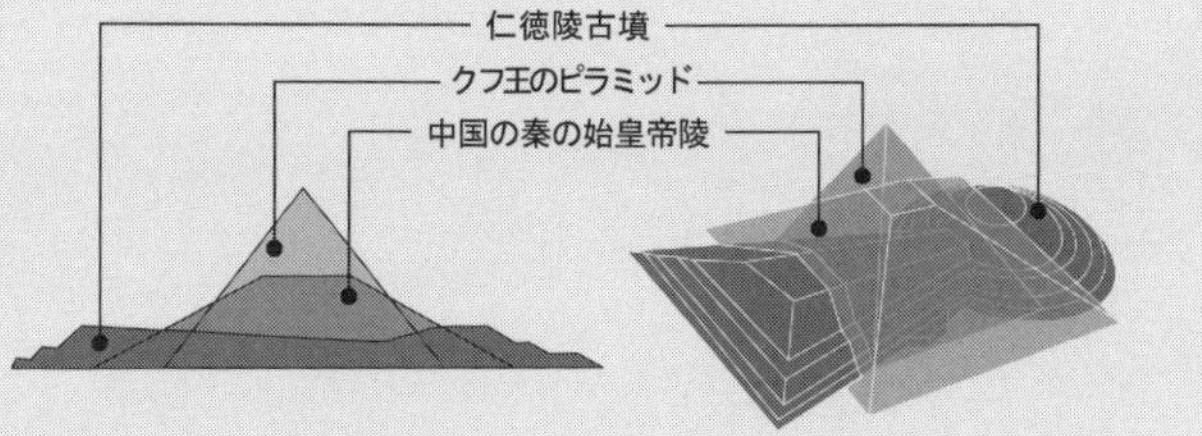

古墳は誰のものか？

大きな古墳は陵墓として国（宮内庁）が所有していますが、数の上ではそのほとんどは民有です。重要な古墳は史跡に指定され公有化がはかられていますが、そもそも古墳は文化財として国民共有の財産という側面をもっていますから、国民がこぞって古墳を守っていかなければなりません。

古墳の多くは山間部にあります。人里近くでは、多くの古墳が失われてしまいましたが、長い間地元の人々によって、大事に守られてきたものもあります。墓であるということで、古墳を敬う人々も多かったのでしょう。古墳の名前に「塚」がつくものが多いことは、こうした証しと考えられています。

百舌鳥・古市古墳群の大型古墳には、七一二年成立の『古事記』、七二〇年成立の『日本書紀』、九二七年成立の『延喜式』などにおいて天皇陵と記されたものが多くあり、律令の時代でも八世紀以降には、陵を管理する制度が整えられたことを物語っています。

やがて、陵に権力が及ばなくなる時期を迎えますが、様々な形で王墓としての記憶は後世まで受け継がれました。名称において陵（みささぎ）が訛ったとされる「ミサンザイ」をその名にもつ履中天皇陵（上石津ミサンザイ古墳）や仲哀天皇陵（岡ミサンザイ古墳）、これに類似した「ニサンザイ」をその名とする土師《はぜ》ニサンザイ古墳は、その直接的な例です。

この他にも陵に関連する陵山（履中天皇陵）、御廟山（誉田御廟山古墳［応神天皇陵］、御廟山古墳）、仲姫《なかつひめ》を思わせる仲津山（仲姫皇后陵）の例もあります。

一六世紀には堺奉行の手により仁徳天皇陵の後円部には垣が設置されました。この時期に江戸幕府の手により保全された陵墓は多く、さらに天皇陵などに現在のような拝所が設けられたのは、江戸幕府が主導して一八六二年に始まった改修によるものです。

一方で、古墳と周辺住民の暮らしとの関わりを示す史料は五〇〇年以上前まで遡ることができます。大型古墳は灌漑用水池や里山として周辺住民の暮らしを支える存在でもありました。古くから多くの周辺住民が古墳の保全に関与していたのです。

古墳文化の煌めき
百舌鳥・古市古墳群を世界遺産に

2013年2月6日　初版第一刷発行

編著者：五十嵐敬喜、岩槻邦男、西村幸夫、松浦晃一郎
企画協力：大阪府、大阪府堺市、大阪府藤井寺市、
大阪府羽曳野市
編集協力：戸矢晃一

発行者：藤元由記子
発行所：株式会社ブックエンド
〒101-0064
東京都千代田区猿楽町2-1-8 三恵ビル502
Tel. 03-3518-9876　Fax. 03-3518-9877
http://www.bookend.co.jp

ブックデザイン：折原 滋（O design）
印刷・製本：シナノパブリッシングプレス

Printed in Japan
ISBN978-4-907083-02-1

BOOKEND